ヤングケアラー
に気づき支援する
メンタルサポート
【N式ツール】の使い方

医療法人社団創知会
臨床心理士
永山 唯

合同出版

　ヤングケアラーの問題に興味・関心を寄せてくださってありがとうございます。この本を手にしてくださったみなさまはもうご存じかと思いますが、ヤングケアラーとは、本来であれば担い手にならないような年代で、ケアや家事などの役割を担っている子どものことです。

　子どもに限らず、大人でも、ケアを抱えているケアラーには、身体的・精神的な負担に加えて、経済的な負担も重くのしかかっています。社会的・心理的孤立を深めているケアラーも大勢います。とくに、ヤングケアラーの場合、ケアの悩みを共有する人がいない、同年代との交流など社会参加の機会が奪われているという問題を抱えています。また、家族のケアのために、夜間の睡眠が十分にとれず、授業中に寝てしまうことや遅刻・欠席が多くなる、部活に入りたくても入れない、進学や就職をあきらめざるを得ないなど、将来の可能性があらかじめ摘みとられてしまうような大きなハンデを抱えてしまうこともあります。

　あなたのまわりに、宿題をしてこない、授業についてこられないなどの少し心配な子どもはいませんか。もし、だれかの顔が浮かんでいるのであれば、その子はヤングケアラーかもしれません。

　私はこれまで、心理士として主に認知症のケアをする人たちのメンタルを支える仕事に従事してきましたが、その中で認知症の家族をケアするヤングケアラーと出会いました。また、認知症や他の疾患をケアする大人のケアラーの方々と、ヤングケアラーの共通性を感じることもありました。

　実は私自身、今思うと、ヤングケアラーでした。父方と母方のふたりの祖母の認知症、脊髄損傷による寝たきりの叔母、この３人の在宅介護を母がはじめたとき、私はまだ小学校低学年でしたが、天真爛漫であった母から笑顔を奪っていった祖母たちに憎しみを覚えたことをはっきり記憶しています。その頃は、ヤングケアラーである自覚もなかったのですが、重苦しい生活だった思い出があります。「在宅介護はむずかしい」などという生易しい言葉では足りず、「在宅介護＝絶望」のように思っていました。

このままでは家族が壊れていく……。そんな恐怖心の中、たまたま小学校5年生のときに、学校の図書館で一冊の本と出会いました。「臨床心理士になるためには」という内容の本でしたが、10歳の私はその本に活路のようなものがあると感じ、夢中で読みました。臨床心理士という具体的な目標は私にとって希望になりました。「臨床心理士になって、介護する人をケアしたい！」

　そう思い続けて、8年後、大学進学の際の進路選択で現実を突きつけられました。

　「介護の現場に心理士が活動できる場はないよ」と言われたのです。衝撃的な言葉でした。「人の心にかかわる心理学の研究に携わりながら、介護現場における心のケアの必要性を感じていないのか」と落胆しました。

　それでも心理臨床学科を選択し、臨床心理学とメンタルケアのかかわり合いを学び、異端視されながらも大学院まで含めた6年間、介護者支援について研究し続けました。

　大学院1年目のときに、ひとりの精神科医と出会いました。京都府立医科大学大学院医学研究科精神機能病態学講師（現・同教室教授）の成本迅医師です。

　ある学会で、成本医師は「早期診断を早期絶望にしないために私たち医療者は何をすべきでしょうか」と問いかけ、「早期診断には心理士さんのアセスメントがどれだけ重要なことか」と話されました。早期診断がなされることは重要だが、診断されても十分なサポートがなければ、本人もケアする家族も絶望するだけです。その診断に耐えるだけのケアやサポート環境が前提になければならない、そのような趣旨と私は受けとりました。

　その言葉を聞くことができただけで、これまでの努力が報われた気がしました。「こんな素敵な先生がいるのなら、老年精神の領域の未来も明るいのではないか。やはり私は介護者支援の領域で臨床心理士として働きたい！」との思いが強くなりました。

臨床心理士を志してから14年、大学院を卒業する年に、成本医師からお声がけいただき、研究補助員として働かせていただけることになったのです。母や私自身の介護経験から考えてきた"ケア負担を軽減するためのツール"をどこかで使えないかと胸が高まる思いでした。成本医師に思い切って相談すると、「介護者カウンセリングをやってみませんか？　外来の枠は僕が確保してきますよ」との答えが即座に返ってきました。このときから多くのケアラーの方々との出会いに恵まれ、介護者カウンセリングの経験を積むことができました。

　本書で紹介したのは、介護者カウンセリングで用いてきたメンタルケアのためのツール（【N式ケアラーサポートツール】）です。なかなかカウンセリングを受ける機会がない方々にも、自分で活用してもらえるようプログラム化したものです。私自身がヤングケアラーだった経験、多くのケアラーとのカウンセリングから学んだからこそ、つくり上げることができたツールです。

　精神疾患やがん、慢性疾患、さまざまな障害を抱える親やきょうだいのケアをするヤングケアラーの子どもたちには、そのゴールは遠く果てしなく感じられることでしょう。そんな子どもたちができるだけ早い段階で、ケアラーとしてだけでない、自分自身の人生を生きるために、本書が少しでも助けになることを願っています。

　ひとりでも多くの方に本書で紹介したツールを試していただけたら、望外の喜びです。

永山　唯

Contents

巻末資料

第1章

あなたの
まわりにいる
ヤングケアラー

Young Carers Around You

　「ケア」とは幅広い意味を持っています。身体介助や食事介助、入浴やトイレ介助などは、比較的ケアのイメージとして結びつきやすいかもしれません。見守りやメンタルケアなど、常に緊張状態が続くケアもあります。さらに、家事やきょうだいの世話、親の代わりに買い物に行くなど、一見するとお手伝いのように見えることも含まれます。ヤングケアラーとひと言でいっても、ケアの内容から背景までさまざまなケースがあります。

お名前	現在の年齢	ケアした期間
絵美さん	34歳	幼少期から 継続中 （20歳で4人を同時にケア）

重複ケアを担った絵美さん

ケアばかりの生活が続き、うつや不眠に

絵美さん（仮名）はたったひとりで祖父母と両親の4人を同時にケアする（重複ケア）という過酷な経験をした女性です。絵美さんが高校生の頃にはすでに、祖父母と父は要介護状態でした。祖父は重度糖尿病による身体介助が中心で、祖母はアルツハイマー型認知症、父は若年性の血管性認知症です。

祖母の認知症は絵美さんが比較的小さい頃から発症していて、絵美さんのことを「伝書鳩」と呼んで、顎で使っていました。祖父は糖尿病がひどくなり、自身で排泄ができなくなり、絵美さんと母親がふたりがかりで介助にあたっていました。それを見ていた祖母から「あんたたちはおじいさんをいじめている」と罵声を浴びせられることもありました。

絵美さんにとっても重複ケアはとてもつらいものでしたが、義父母と夫のケアを担う母親を見ていると、自分がつらいとは言えませんでした。カウンセリングの際に、絵美さんが私に話してくれたことがありました。

「私はおじいちゃん・おばあちゃん・お父さんのケアだけど、お母さんは家族の中で唯一他人っていうか。私は孫であり、娘で血がつながっていますが、お母さんは他人。立場が違ってつらいんじゃないかな……」

こうした発言から、自分自身がつらいにもかかわらず、ケアを一身に背負った母親を思いやる気持ちが痛いほど感じられました。一方で、こうした状況をまわりの人に話すこともできずにいました。このままこの家にいてよいのかという思いが強くなり、今の生活から抜け出したいと考えた絵美さんは、高校卒業をきっかけに下宿が必要になる遠方の専門学校への進学を選択しました。

しかし、専門学校2年生のときに、母親の持病である糖尿病が悪化し、唯一頼りにできた母親もケアしなければならなくなったのです。絵美さんは就職をあきらめ、4人のケアをするために、自宅に戻りました。これまでだれにも頼らずひとりで3人のケアをしてきた母親は、絵美さんが戻ったことをきっかけにして、退行（精神的な発達の逆行）が起こり、自分が病気になり絵美さんに負担がかかることを泣きながら謝罪し、リストカットをくり返す

ようになりました。

　絵美さんはそれでも頑張ってケアを続けていましたが、家族以外の人との交流が乏しく、ケアのみの生活が5年ほど続きました。しかし、絵美さん自身が次第に食事が食べられなくなり、抑うつ気分や不眠が生じてきました。「これはおかしい」と自覚症状を感じるようになり、父親の主治医に相談し、抗不安薬主体の薬物療法と併せて、カウンセリングを行うことになりました。ここで私と絵美さんが出会いました。

ケアラーのためのメンタルカウンセリングを開始

　実は、絵美さんの母親は私のクライアントでもありました。絵美さんへのカウンセリングが必要になった時期、母親のほうが心身の状態が不安定で、車椅子を使用しなくてはならないくらい体調が悪い日もありましたが、母親は、自ら、私にカウンセリングの中止を申し入れてきました。

　「私はあの子（絵美さん）に甘えてしまっている。私にカウンセリングする時間、あの子のカウンセリングを1回でも多くとってもらいたいのです。あの子は先生にしか話せないことがきっとたくさんあります。私が先生とカウンセリングをしていたら、私に気を遣って全部話せないかもしれません。先生とカウンセリングをして帰ってきたときはあの子の顔が違います。だからお願いします」このように訴える姿に、私は母親の強さを感じました。

　この申し出にしたがって母親へのカウンセリングは終了し、絵美さんのカウンセリングを中心にこの家族への介入がはじまりました。

　絵美さんへのカウンセリングは1カ月に1回、全12回の計画を立て、毎回カウンセリング終了時に課題を提示する短期療法の手法を用いました。

ケアを続けながら自分時間を確保できるように

　実際の絵美さんとのカウンセリングは全13回、期間は1年間でした。カウンセリング開始から5カ月くらい経った頃に、糖尿病の祖父が死亡しています。

　ケアパターンを分析すると、絵美さんは「私が頑張らなければ」とケアを積極的に受け入れてしまっているタイプでした。このタイプの人は、ペース配分や気分転換ができにくく、ケア負担が過重になります。絵美さん自身、「自分の時間がない」ということを最も負担に感じると話していました。

　県外にいるお兄さんは、経済的支援はしてくれるものの、絵美さんに対して、働いていないことを厳しく批判するようになりました。もともと絵美さんとは仲がよく、帰省したお兄さんが洋服を買ってくれたこともありました。服を買ってもらった次のカウンセリングのときには、「兄が買ってくれた服を着て、カフェでお茶をしてみたい」と話し、そんな日常のささいな希望を日々のモチベーションにしていました。

　しかし、そんな時間をとれることはなく、日々、ケアばかりの生活で精神的に追い詰められた絵美さんはお兄さんに電話で相談をしました。

　「毎日毎日、ケアと家事、おばあちゃんの召使いのような感じで1日が終わる。友だちとも話せない、LINEする時間もない」と心の悲痛な叫びを伝えました。実際、心身共に自由がない状態になっていたのです。しかし、お兄さんからは「ケアが大変というけど、お前は就活すらせずに、パートにも行かず、口を開けばケア、ケアと、俺の働いたお金で服も買っているのだろう」と言われてしまいました。

　絵美さんはこのお兄さんの発言に対して、飾ってあった服をしまい込むほどのショックを受けました。それでも「兄も仕事で疲れているのに、私がケアのことで兄に電話してしまったのがいけないんだ」とカウンセリング中にも自分を責め続けました。

　私は「お兄さんも大変なときもあると思います。でも、絵美さんが大変なときに他の人も大変かもと思う必要はありません。考えてみてください。Xさんは仕事が終わって家に帰れば自分の時間として切り替えができます。一方、Yさんはずっと家の中でも仕事があり、心身の切り替えがむずかしいです。XさんとYさん、どちらが大変だと思いますか？」と問いかけると、絵美さんはYさんと答えました。

　私は「Xさんはお兄さん、Yさんは絵美さんのことです。大変なほうの人にもっと頑張れ、あなたが我慢しろと言いますか？　私は言えません。少し

でも休んでほしい。そのためには、家の中にいても、自ら意識的に時間を確保するようにしましょう」とうながしました。このことで、一気に絵美さんがカウンセリングの課題を自分事として取り組むようになり、自分時間の確保が進んでいきました。

　絵美さんにはまず、自分時間確保の第一歩として、

「①22時以降は兄からの電話には出ない」

「②どうしても急ぎであれば、兄も家の固定電話や留守電、メールを入れるはずと割り切る」

という2点を徹底してもらいました。そして、カウンセリングと並行して絵美さんの24時間の過ごし方を可視化しました（可視化のやり方は85ページを参考にしてください）。

　ごく簡単にいうと、日々の時間の使い方を時間表にすることで、ケアに費やしている時間の把握やケア以外に使えそうな時間を検討する手がかりになります。絵美さんのケースでは、ケアの負担を増やしていたのは、複数人をケアしていることではなく、認知症の祖母のケアに時間がとられて自分の時間が確保できていないためとわかりました。

　たとえば、炎天下でも畑に行くという祖母を、「おばあちゃんが熱中症になったら困るから」と説得して家に留めると、祖母から「あんたは私の自由を奪って私を家に閉じ込める。こんな仕打ちをしておいて、あんただけ好きなことさせないよ」と言われ続けていました。この状態は、絵美さんの対応が祖母の困った行動（認知症の人に生じやすい行動・心理症状：BPSD）を誘発している可能性がありました。

　そこで、絵美さんは祖母を畑に行かせ、定期的な様子見をし、畑で一緒に昼食やお茶をとることにしました。祖母のケアを中心に検討し、対応を変えて困った行動を予防したことで、突発的な対応が減っていきました。その結果、絵美さん自身のペースで1日を組み立てることができるようになり、意識的に自分の時間を確保できるようになりました。

カウンセリングが心の支えになった

　絵美さんは家族や友人に対して、ケアの悩みを話しても共感が得られず、「話してもどうせわかってもらえない」と相談すること自体を回避していました。しかし、介護者カウンセリングという場で、「ケアに関する悩みを、はじめて受け止めてもらえた気がした。精神的な負担や不安、孤独感がケア負担を高めていたように思うけれど、ケアのことを話していいという時間が精神的な支えになった」と話してくれました。

　絵美さんの母親が言うとおり、母親のカウンセリングが終結し、絵美さんだけのカウンセリングになってからのほうが、絵美さんは言葉を選ばずに話せるようになった印象があります。でも、それは母親に自分の話したことが伝わってしまう心配がなくなったということではなく、自分しかこの家族を支えることができない、私が主たるケアラーなんだという自覚による変化だったのかもしれません。

　絵美さんは、この家族の中で、唯一ケアを担える人でした。そのため一度に4人ものケアをひとりで担ってきました。ただ、健康そうに見えても、日々のケア疲れや家庭内で起こるさまざまなことを話せないつらさは溜まっていきます。ケアを必要とする人の心身の状態によって大きく左右されるのが、家族ケアのむずかしさです。そういった閉鎖的な環境下で、不眠や食欲不振などの体からのメッセージがあっても、頑張らざるを得ない環境でどんどん心が鈍化していき、うつになったり、もっと進んで、感情が平板化してしまうこともあります。だからこそ、SOSを出せるようになることが重要です。ケアを受ける人が変わらずとも、自分自身の対応で自分の時間や生活を変えられることを実感すると、絵美さんのような状況でも「私は自分で状況を変えられる力がある」と自分自身を信じる軸ができます。

　現在、絵美さんのカウンセリングは終了しましたが、絵美さんの3人へのケアはまだ続いています。絵美さんは父親の付き添いで病院を訪れており、カウンセリングで身につけた方法を使ってうまく自分の中で折り合いをつけながら、毎日の在宅ケアを継続していると主治医から報告を受けています。

お名前	現在の年齢	ケアした期間
彩さん	19歳	9-18歳（推定）

祖母のケアと家事を一身に引き受ける彩さん

金銭的に貧しい家庭のヤングケアラーにケアマネが気づく

　彩さん（仮名）は祖母とシングルマザーの母親と、女性3人だけの家族です。祖母は病気の進行から胃ろうを装着しています。母親が働かなくては生きていけないため、母親は昼夜を問わず働きに出ており、彩さんは小学生のときから、家事や祖母のケアを当たり前にやってきました。

　中学生になっても、祖母の胃ろうの管理やトイレ介助、入浴介助のため、彩さんは部活に入れないどころか、学校の授業にも満足に出席できませんでした。金銭的に厳しい状態が続き、彩さんは学校にはほとんど行っていないものの、いつも制服姿でした。ある日、その制服がとてもヨレヨレだったことを不審に思った祖母の主治医が地域包括支援センターに連絡を入れたことで、彩さんが祖母のケアをしていることが判明します。

　連絡を受けた地域包括支援センターのケアマネジャー（ケアマネ）は、彩さんの問題をどうすべきか悩み続けたものの、介入の方法がなく、困っていました。彩さんはこの生活を当たり前ととらえており、祖母・母は自分たちも生活に精一杯で、彩さん抜きには生活が保てなくなることを十分に把握しているため、なかなか何かを変えようという発想に至らなかったのです。

　私がヤングケアラーの事例を学会で発表したことを機に、ケアマネから私に連絡があり、彩さんを含めた3人がつながることになりました。通院することがむずかしい距離だったため、電話相談という形をとりました。熱心なケアマネには、「N式ケアラーサポートツール」（【N式ツール】。64ページ参照）を渡し、一緒にサポートしながら取り組んでもらうことにしました。

ケアマネと協力してメンタルケアを行う

　彩さんと電話相談を進めるにあたっては、カウンセリングのようなことはせず、雑談からはじめました。彩さんは某ドリンクメーカーの自動販売機が気になるようで、「どこどこのやつが新しくなった」や「どこどこのはお茶の割合が多い」などと、見つけては話してくれました。また、ミッキーマウス

が好きで、トランプで「ミッキーがババ (joker) なのが気に入らない。もし会ったら、つくった人にクソジジイって言ってやる」と製作者への怒りを冗談交じりに話してくれたこともあります。

　私は、こういったやりとりから、彩さんには、状況を見る力や感情を表現できる可能性があることを知り、「きっとこの子は大丈夫。ツールを自分のものにしていける」と安堵しました。

　その後、ケアマネが【N式ツール】を使い、彩さんの24時間を可視化しましたが、家事やケアの時間が大半を占めていたにもかかわらず、介護者カウンセリングで常に上位に入る「自分の時間がない」という回答は彩さんにはありませんでした。これは彩さんが家事やケアを当たり前ととらえていたことを表します。

　「学校に行きたい」「友だちと遊びたい」などという発言はなかったのですが、「うちはお姉さん（私のこと）みたいに頭よくないから、教科書を読んでいてもさっぱり意味がわからない」と彩さんが言ったことがありました。私はこの発言に対して、「私も習ってはじめて理解できるんだよ。自分ひとりでわかることなんてないよ。私も学校好きじゃなかったけど、心理士になりたかったから、そのためには大学に行かなきゃいけなかったし、大学へ行くためには高校に行かなきゃだし、嫌いでもやっぱり教室での勉強って必要だったなって、今になると思うのよね」と何気ないやりとりをしたことがあります。

　その少し後、ケアマネから「彩さんがいずれ大学に行ってみたいって話してくれて！　それなら、単位とらなきゃね！　一緒に行こう！　って学校に登校したんです！」と興奮気味に連絡が入りました。

　最後に彩さんと電話したときに、「学校好きじゃなくて、あんまり行ってなくても、お姉さんみたいになれるんだなって思ったら、別に今は好きとか必要とかわかんなくても、行ってもいいかなと思った」と、学校に行こうと思ったきっかけも話してくれました。「今、本当に学校での勉強を必要と思って通っている子はクラスに何人もいないと思うよ。それが普通だし、ときには無駄に思える学校内での時間も今しかできないことだから、ぜひ自分で体験してみてね」と伝えました。11カ月、5回ほどで、私のかかわりは終了し

ました。

メンタルケアツールが介入や連携のきっかけに

　ケア状況の24時間の可視化については、ケアマネが「介入しやすいタイミングや学校との連携に非常に有用なツールだ」と評価してくれました。

　彩さんは、子ども自身がケアを担って当たり前だととらえており、家族も彩さんのケアを当然のものとして受け入れていました。ケアマネの働きもあって、地域と学校が協力してメンタルケアを実施しただけでなく、義務教育を継続するために、ひとり親世帯のための給付金の申請などを行い、彩さんと母親の生活を保障する支援が行われました。

　彩さんのケースのように、メンタルケアだけでヤングケアラーの生活のすべてを支えることはできません。とくに、必要な保障、適切な保険やサービスを知らない子どもや家族は多く、給付金の申請などは子どもだけではむずかしいでしょう。さまざまな問題が複雑に絡み合っているケアの問題には、地域でヤングケアラーを見守る大人が、それぞれの立場から積極的に動く必要があります。

お名前　拓さん

現在の年齢　31歳

ケアした期間　14歳-継続中

精神疾患を持つ親と暮らしてきた拓さん

精神疾患の親の話を聞くことが重い負担に

　拓さんは、うつ病とパニック障害を発症した母親と暮らしていました。中学2年生のときに、父親とけんかした衝動でパニック状態になった母親にリストカットを見せられ、「あれ？　家の中がこれまでと違う」と感じたそうです。母親の病気が何かわからないまま、「生きるつらさや不安などの話を聞くしかなかった」と当時を振り返ります。拓さんは身体介助や家事はしておらず、「お母さんのそばにいて話を聞くことができたのが自分だっただけ」と表現しました。

　「帰宅して、暗闇でうなだれてひとりでタバコを吸っているお母さんを見て、自分の部屋に行けると思いますか？　だから僕が話を聞きました。それだけです。結局、そうすることで家族がうまくまわるし、結果としては自分のためだったのかな」と話します。

　母親の話す内容は大半がお金に対する心配でしたが、そこからどんどん内容が誇張され、「死にたい」と言われることも度々あったそうです。中学生や高校生の拓さんには、お金の問題は解決できませんし、目の前で母親に死にたいと言われて動じない子どももいないと思います。そういった体験を「お母さんは僕に出してすっきりして寝るけど、僕はどんどん溜まっていく。お母さんから出てきたものが溜まっていく」と振り返ります。学校にいるときが比較的休まる時間だったかもしれないけれど、実際には母親が気になって「早く帰らなきゃ」と思ったり、頭や気持ちは家にいるような感じで切り替えはできなかったようです。

　ケアの問題を周囲が考えるとき、実働のケア時間に焦点があたりがちですが、実働時間が短ければ負担が少ないわけではありません。話し相手になると、その内容によっては、そのことを実際に話しているときでなくても考えてしまうものです。精神疾患は本人も非常に苦しく、それを支えるのは大人や専門職であってもむずかしいものです。家庭内で精神疾患の親と暮らし、子どもがサポートする役割を担うことは非常に重い負担になります。

　その後、父親と姉が家を出てふたり暮らしとなった高校2年生のとき、拓

さんは母親の病気（うつ病とパニック障害）を聞かされました。そのときの感想は「だから……？」。4年間、母親のそばにいた拓さんからすると、診断名を知ったところで何が変わるんだろうというのが素直な気持ちだったようです。当時、工業高校に通っていた拓さんは、まわりの生徒が9割以上就職していく中で、ソーシャルワーカーになるための専門学校に進学する道を選びました。

「自動車整備士になる夢をあきらめ、お母さんのために専門学校に進んだ、と言えばきれいなんですが、正直、ソーシャルワーカーになりたかったわけではありません。当時の自分はすべての事柄の動機や理由が"お母さんのため"だったことは間違いありません。ただ、当時は働くということよりも専門学校という学校の延長のほうがイメージしやすかったのです」

進学し、「実習が楽しかったので、ソーシャルワーカーになろうと決めた」と話す拓さんは、結果として、進路は間違いではなかったし、ポジティブな感情も抱くことができています。「理由は後付けもできるし、人生はいつになっても清算できる」と強調されたのが印象的でした。こういった重大な決断を18歳の拓さんはだれにも相談せずに行いました。当時の心境としては、「"どうせ話してもわかってもらえないだろう"という気持ちが強かったということと、自分自身も言葉にできなかったんだと思う」と話します。

家族は家族

ソーシャルワーカーとして働き出してから、拓さんは、子ども時代や学生時代にはなかった反抗期のような状態におちいりました。その中で、家を出たいと思うようになったそうです。常にお金の心配がある母親のいる家を出るためには、母親の生活が保障されなければ無理だと考え、母親の生活保護を申請しました。自身がソーシャルワーカーであったために、生活保護の仕組みを理解していました。

「ソーシャルワーカーとして、はじめての生活保護の申請の仕事がお母さんって……と、当時は苦しみました。でも、家族は支援者である必要はなくて、家族は家族。結局、家族の攻略法を知っているのは自分だけと思ったら

受け入れられるようになりました」と振り返ります。そして、離れて暮らして「お母さんは"子どものため"という思いが強い人だった。だから僕も"お母さんのため"ができた。ちゃんと愛されていることを知っていたんだ」ということに気づいたそうです。

　こうしてケアから物理的な距離をとることで拓さんは自身の経験を冷静に振り返り、清算することができるようになったようです。一方、家族の関係にも変化が生まれ、先に家を出た姉も連絡をとって母親の暮らしを手助けするようになりました。

　家庭内のケアを抱える子どもに対して、"かわいそう"や"犠牲になっている"などの意見が上がりがちですが、拓さんの話を聞いて私は、「家族の存在の大きさや幼少期に感じる安心感などを一度は失っても、何かのきっかけでまた取り戻したり、再構築できる可能性を示している」と感じました。

　拓さんのような経験は、"親の感情面のケアを担ってきたヤングケアラー"とされますが、本人にはそういった自覚はなく、大人になって振り返っても、自分のやってきたことが感情面のケアであったのか、自分がヤングケアラーだったのかということはいまひとつピンと来ないとも話します。

解決したいわけではない、寄り添う存在が必要

　現在、拓さんは、精神疾患の親をもつ子どもの会「こどもぴあ」という自助グループを運営しています。グループに参加している方々も同様に、自身がヤングケアラーであったのかということと、その役割を担ってきたと周囲の大人から言われることに疑問を持っている人は多いそうです。そのため、拓さんはこどもぴあの場では、「似たような経験をしてきたお兄ちゃんでありたい」という思いで、自分の実体験やそのときに感じたことを率直に表現しています。

　「精神疾患を持つ親であれ、他に何かサポートが必要な親であれ、子どもたちはたまたまそのサポートや役割につくことができただけであり、責任を持ってやったケアじゃない。やらなくていいならやりたくなかったし」と本音を語る拓さんに、多くのケア経験者が共感し、救われているはずです。

今では精神疾患を扱うプロのソーシャルワーカーである拓さんは、子どものときどんな支援があればよかったと思っているのでしょうか。

　「いつでも、何でも、話を聞くよって言ってくれる大人がいたら、相談できていたと思う。でも別に解決したいわけじゃないんです。子ども自身に『どうしたい？』と聞いてくれるような、ただただ自分の話を聞いてくれる大人がいたらよかった」

　相談できる場や人、自身の話したいタイミングで話せる人、親をどうするかではなく子ども自身がどうしたいのかを聞いてくれる人の存在が重要であることがわかります。それは、学校の先生かもしれませんし、ケアマネジャーかもしれませんし、はたまた近所のおじさん、おばさんや定期購入などの配達員さんかもしれません。身近にいる大人はだれでも子どもたちのSOSを感じとることができる存在になれる可能性があります。

　ただし、大人にだってできることは限られています。すべてをひとりで解決しようとするのではなく、自分が普段話す子どもたちもこういった思いがあるかもしれないと思いながら、いつでも聞くよといったオープンな態度で構え、何か発信されたときには、その子がどうしたいのかをうまく聞き出す。そんな糸口になる存在が必要なのです。

お名前	現在の年齢	ケアした期間
侑香里さん	28歳	7-27歳

重度の障害がある妹を
ケアした侑香里さん

家族内のゆらぎを敏感に感じとる「きょうだい」

侑香里さんは、5歳のときに、待望の妹が生まれました。妹が欲しかった侑香里さんは、その誕生をとても喜びました。まるでもうひとりの母親になったかのような可愛がりようでしたが、侑香里さんが小学校に入学する頃に、うっすらと、「妹はまわりの子と発達が違うのではないか？」と感じたそうです。

進行性の病気を患った妹は2歳になっても言葉がなかなか出ず、歩くこともできませんでした。妹はのちに症状が進み、医療的なケアが必要な重症心身障害児となり、侑香里さんは、小学校低学年のときにはすでに、自分は「ケアラー」であり「きょうだい」だったと振り返ります。もともと母親の姿を見ながら妹の世話をしてきた侑香里さんにとっては、妹に障害があることがわかっても、お手伝いの延長線上でした。当時の侑香里さんには、ケアラーという意識も、きょうだいという概念もありませんでした。

病気や障害のある兄弟姉妹がいる場合、自分自身がケアをしている・していないにかかわらず、家庭内の動揺や揺らぎを敏感に感じとります。自分が実際にケアをしたり、日常生活で少しでも犠牲を払っていると、周囲から同情されたり、「偉い子」とほめられたりします。逆に、きょうだいのことが原因でいじめられてしまうケースや、ケアを必要とするきょうだいから暴力を振るわれてしまうケースもあります。

常に背伸びをして自分の意見を言えなかった

侑香里さんは、今でこそ、自身の経験を振り返り、語ることができますが、「小中学生の頃は、妹の存在さえオープンにしづらかった」と話します。

「なぜ、妹と同じ小学校に通っていないのかと思われることや、話したことによって、『聞いてごめん』みたいな空気になることがつらかったんです。でも、当時はまだ、自分が我慢して、背伸びして、親を困らせないようにしてきた気持ちと、自分の現状や経験とが結びついていなかった。自分自身の

気持ちをストレートに表現できなくなっていき、常に、『もっともっと頑張らなきゃ』という気持ちで背伸びをしているような日々でした。『妹もわがままを言っているわけじゃないから仕方ない』と考えるようになったり、お母さんも本当にいつも頑張っていて、だれも悪くないからこそ、やりきれない気持ちだったんだと思います」

　大学生になり、ひとり暮らしをはじめ、自由な時間が増えていく中で、侑香里さんは、自分の意見がないことをコンプレックスに感じたため、そんな思いを克服すべく、大学の課外活動などさまざまなことに参加しました。中でも印象に残っているのは、地場産業の企業経営者のもとに半年間弟子入りするプログラムでした。

　「その日、みんなでファミレスに行くのか、カフェに行くのかさえも周囲の意見を真っ先に聞いてしまう自分は、プロジェクトにかかわるアイデアを出すことにとても苦労しました。ある日、泣きながら社長に『自分の意見が言えません』『妹に障害があって、ずっと我慢することが多かったから、わがままを言う感覚がわかりません』と話したことがありました。たぶん、すごい支離滅裂な内容だったけれど（笑）、社長は肯定も否定もせず、ただひたすら聞いてくれました」

　侑香里さんの話を聞いた社長は、まず「本当にここまで頑張ってきたんだね」と言ってくれたそうです。これまで「偉いね」「優しいね」と言われることはあっても、ありのままの侑香里さんを受け入れ、頑張っていると評価してくれる大人はいませんでした。侑香里さんにとって、このような心の内を打ち明けることができ、それを受け入れてもらえて、はじめて「私も頑張ってきたんだ」と思えた瞬間でした。

　侑香里さんはこの経験を機に、無自覚に続いていた「自分がしっかりしなきゃ」という感覚や、空気を読んで周囲の意見を優先させる自分の癖を、意識的に自分から変えていこうと決意したそうです。侑香里さんが今、いろいろな自身の経験と感情を周囲に伝えられるようになったのは、あの日、社長に話すという大きな一歩を踏み出せたからだと私は思います。

　きょうだいに限らず家庭内にケアを必要とする人を抱えた場合、ケアラーは「どこまで面倒をみればいいのだろう」「いつまでこのケアは続くのだろ

う」「自分の将来はどうなっていくのだろう」といったことを考えます。そして、きょうだいケアラーは他のケアラーよりも、いずれ自分自身が主力になることを意識しやすいと聞きます。ただ、今もこれから先も、必ずしもケアを担わなければならないということはありません。ケアをする・しない、主力になる・ならないも含め本人が選択できるように、まわりの大人は本人の考えに寄り添い、サポートしていく必要があるでしょう。

　実際に、侑香里さんは25歳のときに、これまで妹のケアに主力であたってきたお母さんを亡くし、妹のケアをするため、これまでの生活を変えて、実家に戻るという決断をしました。その妹も侑香里さんが27歳のときに亡くなりました。

ありのままのその子らしさを受け止めて

　濃厚な時間を過ごして妹を看取った1年後に、侑香里さんは「静岡きょうだい会」を立ち上げました。活動の中で、まず、「きょうだい」という存在を知ってもらうところからはじめました。特別視されたくないという気持ちが強くある中でも、きょうだいという存在に関心が向けられるべきであると話します。

　「私の母が生前、『きょうだいたちは障害児と同じくらい頑張っている』と言ってくれたことがあったのですが、きょうだいにも障害児と同じくらい、必要なサポートが届くべきで、専門職の方にはもっと理解してもらいたいです。また、きょうだいとして何か特別な支援が必要なわけではなく、その子らしく、子どもが子どもらしく過ごすことのできる時間や空間を大切にしてほしいです」

　きょうだいの子が、「自分自身も大切な存在なんだ」と思えることが重要なのだと思います。侑香里さんは、最近、ヤングケアラーと共に少しずつ「きょうだい」の存在が知られるようになってきたからこそ、きょうだいには立場特有の悩みがあること、それぞれのケースが個別性に富んでいることを知ってほしいと訴えます。

　「目の前の子どもを見てほしい。声を聞いてほしい。一緒に考えてほしい。

たとえ、そのときどきで言うことが違ったとしても、その子のそのときの答えがすべてではなくて、ありのままを受け入れてほしい」と話す侑香里さん。妹を看取った後でも、きょうだいとしての思いや存在は続いています。

　どのケアにも共通していますが、ケアから離れたからそれでよいということはありません。自分自身がしてきた経験や思いは、切り離して考えられるものでもなければ、その中で、形成されてきた自分の感情が性格になっていくことも大いにあります。だからこそ、子どもがSOSを出すよりも前に、もっと予防的に介入できるような周囲のかかわりが必要でしょう。侑香里さんにとって学生時代に出会ったひとりの社長がそうであったように、専門職ではなくても、だれでも、こういった役割を担うことができます。

mental care

CASE 5

元気さん　38歳　5歳-継続中

統合失調症の母親と暮らしてきた元気さん

母親の病気は普通のことだった

　元気さんが３歳くらいのときに両親が離婚しました。離婚後は、母親と元気さんと弟の３人暮らしで、歩いて20 〜 30分のところに祖母と叔父が住んでいました。元気さんの母親は統合失調症であり、普段は躁状態（通常よりも気分が高揚した状態）のことが多く、人の何倍もほめてくれたそうですが、季節の変わり目にはうつ状態で「死にたい」とくり返していたそうです。

　「一番小さいときの記憶として残っているのは、３歳くらいのときに、ガスコンロのうえにぶら下げられていたという記憶です。『悪魔がついている』などと叫び、パニックになっているお母さんの手でガスコンロのうえにぶら下げられていたとき、怖いということではなく『なんかお母さんおかしいな』と思いました」と言います。

　「僕は専門家じゃないし、お母さんにこういった波があるのも、僕にとっては普通でした。高校生になってから、統合失調症についての本は読んでみたけれど、すべてがお母さんに当てはまるわけでもないし、それを知ったことで何かが変わることはありませんでした」

　「お母さんの病気は僕たちにとっては普通のことで、お母さんがご飯をつくれないのも普通。でも僕も弟もご飯はつくれないから、朝は買ってきたパン、夜はカップ麺、給食が一番栄養を摂れる食事でした。掃除は弟と協力してやっていたし、特別大変とも思っていませんでした。薬を飲まないとすぐに調子が悪くなるし、飲み過ぎてしまうこともあるから、薬の管理と心のケアは自分が担っていたんだなと思います」

　母親の調子が悪いときに、大人にすぐに連絡をするというのも元気さんの役割でした。

　元気さんが小学３年生のときに、母親は多量服薬による自殺未遂をします。その後は、入退院をくり返すようになりました。小学生の男の子が母親の薬を管理し、いつ大人に連絡をしなければならないかわからないような緊張状態が続き、日々の母親の心のケアまで担っていたというのは、非常に重い負担だったのではないかと思います。ですが、元気さん本人は「学校や友だち

と過ごすとき（自分時間）と家（ケア）を切り替えていたので、別に……。僕は、自分時間のそのときを思いっきり楽しんでいました」と受け入れている様子でした。子どもながらに、自らオン・オフの切り替えをし、自分の時間やメンタルを保ちながら過ごすことができていたようです。

人生楽しんだもの勝ち

　元気さんには「座右の銘」がいくつかあるそうですが、その中でも、中学生のときから大切にしている言葉は、「人生楽しんだもの勝ち」という言葉です。

　「親に決められた人生じゃなくて、自分で進もうと決めていました。自分の人生だから、自分が楽しめる道を探します」と、表情はとても穏やかな笑顔ですが、言葉にとても力を込めて話されたのが印象的でした。

　元気さんは、小学生のとき、読者モデルをやったことをきっかけに芸能界に興味を持ちました。同時に、幼い頃から生物が好きで、生き物をはじめ、理科系のことには何でも興味を持ったそうです。

　「お母さんは、躁状態が普通だったから、人の何倍もほめてくれる。小学生のとき、いじめられていても、理科のテストでよい点数をとったり、雑誌に載ったりすると、お母さんがすごく喜んでくれて、たくさんほめてくれました。だから、いじめにあっても、死にたいとか思ったことは僕はありませんでした。家に帰ればお母さんがいたから」

　幼少期の元気さんにとって、ケアの大変さよりも、家が安心できる場所、安全な場所として機能していたからこそ、自分時間を過ごせるときに、好奇心を持って行動したり、チャレンジしたりできたのではないかと思います。何かがあったら帰れる場所があるというのは、大人になったときにも心の拠り所として、いろいろなことに挑戦できる糧になります。専門用語では「安全基地（セキュアベース）」と呼ばれますが、元気さんにとって、お母さんの存在が、安全基地の役割を果たしていたのでしょう。

　元気さんは、自分の人生を楽しむため、DNA（遺伝学）を勉強できる大学に進学すると決め、自分で必死に受験する大学を探しました。叔父からは

「高校を卒業したら働け」と言われたそうですが、自分の夢をあきらめることはありませんでした。

「小さいときから母子家庭で生活保護も受けていたし、お金がないことを悲しいとか嫌だとか思ったことはありませんでしたが、大学進学のときだけは、お金がないことを嫌だと思いました。でも、国立大学ならアルバイトや奨学金などで行けるかもしれない！ と思い立ち、DNAを研究できる国立大学を探して、入学しました」

そして、元気さんは芸能の道をあきらめることができず、その道も同時に目指しながらサイエンスコミュニケーションができる会社に就職します。そのうち「子どもたちに科学の楽しさを知ってほしい」という思いが強まり、科学系動画クリエイターの道に入ります。会社を辞めるという大きな決断でしたが、「母子家庭で生活保護をもらって生活していた経験が長かったから、今、会社を辞めたところで、あのとき以上に貧しい生活になるのかな？ 僕に失うものあるかな？ 人生楽しんだもん勝ち！ 僕が楽しめるのはこっち！ という気持ちで怖さはなくはじめられました」と笑います。

元気さんは、今のヤングケアラーたちにも自分の人生を楽しんでほしいと話します。「親はいつか死にます。僕自身は、親が死んだ後に、もしケアしかしていなかったらと思うと、それは自分の人生じゃないと思うし、自分の人生を楽しめる道は絶対にある！ と思います。自分の人生を楽しむには、確かにお金がかかったり、家の状況を嫌だなとか困ったなと思うことはあると思います。でも、探せば絶対にある。抜け道かもしれないけど、必ず自分が楽しめる道がある」と何度も訴えました。元気さんのこの言葉が、今ケアや進路選択に悩む子どもたちに届いてほしいと思います。同時に、今はケアから離れている大人にとっても、ケアをしている・していないにかかわらず、すべての人にとっても、とても大きな後押しになる言葉だと思います。

大人になれば終わりではない

現在もケアラーとしての役割が続く元気さんに、子どものときにどんなケアやサポートがあればよかったかということと、実際に何かヤングケアラー

のために取り組もうとしていることを聞いてみました。

　「子どものときにうれしかったのは、母子会があって無料で遊園地などに連れていってくれたことです。母子家庭に対する自治体のサポートはかなり厚いと思います。ヤングケアラーに関しても、知名度が上がって、サポートが厚くなることを期待しています。そのためには、僕もこうして自分の体験をお話しすることで、まずは知ってもらうところをお手伝いできたらと思っています。加えて、教育系動画クリエイターの人たちと協力して、5〜10分で授業1コマ分を理解できる動画をつくったり、ヤングケアラーたちを集めたイベントなどをやってみたいですね。食べものを扱う企画をするクリエイターとコラボして、子ども食堂のように子どもたちが食べに来れるようなイベントができたら面白そうですね」と、動画クリエイターの自分だからできる構想を楽しそうに話してくださいました。

　また、元気さんは「お医者さんは子どもには直接お母さんのことを教えてくれなかった。先生と僕たちの間にはだれかしらの大人が入っていて、その大人に変換された情報が僕たちに降りてくる。子どもが直接相談できる人がいると違ったかも……。それに、家族や親戚だけだと、病気だから仕方ないとされたり、出てくる意見も偏りがちですから、解決策をもっと客観的な視点からサポートしてくれる人がいたらよかった」とも話します。

　ヤングケアラーの中には「解決したいわけではないのに、カウンセラーは解決策を提示してくる」といった意見もあり、私はこれを聞いたときドキッとしたのですが、一方で元気さんのように解決策を求めていたヤングケアラーもいたのです。ヤングケアラーは、一人ひとり事情も気持ちも異なり、「どうしてほしいか」はまず本人の気持ちを聞かなくてはわからないということを、周囲の大人は肝に命じておくことが大切だと思います。

　元気さんも私も「元ヤングケアラー」という表現に疑問を感じていました。元気さんのように、幼いときからケアがはじまっている子どもが大人になっただけで、"元"という冠がついてしまうことに違和感を感じるのです。元気さんの場合、現在の年齢や長男ということを考えても、さらにケアラーとしての責任は重くなっています。実際にケアは今も続いていますし、「これから先もずっとお母さんのことではそのたびに悩むし、正解がいつになって

もわからない」とも話します。元気さんだけでなく、そういったケアラーは
たくさんいます。

　ケアの問題は大人になっても続きます。ケアが終わっていたとしてもメン
タル面の問題は残ることも多々あります。ヤングケアラーが大人になったら
終わりではなく、ケアラー全体を社会全体で支える仕組みづくりが急務なの
です。

認知症の両祖母、寝たきりの叔母のケアを担った私

　私は小学生の頃から、両祖母の認知症ケア、脊髄損傷による寝たきりの叔母の在宅ケアを経験しています。ケアの中心を担ったのは私の母親ですが、男手は当てにできず、母ひとりでこなすケアを私が微力ながら手伝うという状態でした。

　祖母は「お金がない」と探し回るようになったと思えば、IH（電磁調理器）のうえでお札を燃やすなどの行動が見られるようになり、子どもの私でも「何か重大な病気に違いない！」と強く感じるようになりました。しかし、大人たちは必死にこれまでできていたことをやらせようとしては失敗し、祖母を怒ります。私は幼心にケアのむずかしさや家族が壊れていきそうな不安を感じました。

　社会人となった今、本書で紹介する【N式ツール】で自分のケアを振り返ってみました。

- わずかな時間でも目を離せず見守りを当たり前のように求められる。
- 毎日、同じ話を延々と聞かされる。
- 物とられ妄想や物探しに付き合わされ、宿題や勉強どころではなくなる。
- 妄想の対象者になった母親をかばう。

　など、毎日が、ケアを必要とする両祖母や叔母を中心に流れていたことがわかりました。当時はお手伝い程度にしか思っていませんでしたが、案外、実働もしていたし、何気なくやっていたことが母親へのメンタルケアだったのだな、などと気づくこともできました。同時に、ケアに参加しない父や兄への怒りもありました。

　たとえケアを担うメインの存在ではなかったとしても、精神的負担は大きいもので、私も他のケアラー同様、身体的な負担よりも精神的な負担のほうが後々まで影響しているという実感があります。【N式ツール】を使うことで、私自身、「だれかのため」が判断基準になって、自分のための軸がないことにも改めて気づかされました。

　それぞれ置かれた状況は異なると思いますが、【N式ツール】を活用していただき、ご自分のケアを客観的に整理するひとつのきっかけにしてもらえたらと思います。

第2章

ヤングケアラーを
見つける

Find Young Carers

　この章では、ヤングケアラーの定義や日本の現状、動向などを見てみましょう。少し堅苦しい話もありますが、全体像を把握し、知識を深めていただけたらと思います。ただし、ヤングケアラーの事情や気持ちは一人ひとり違います。一概に「ヤングケアラーとはこういうもの」と当てはめることはできないということも覚えておいてください。身近にいるヤングケアラーを見逃さない手がかりも考えてみたいと思います。

ヤングケアラーの特徴

ヤングケアラーとは

「ヤングケアラー」という言葉の発祥はイギリスです。イギリスでは、18歳未満でケアの役割を担った子どもを「ヤングケアラー」とし、24歳くらいまでを「アダルトヤングケアラー」と分類しています。

　日本でもヤングケアラーの定義がなされており、一般社団法人日本ケアラー連盟によると「家族にケアを要する人がいる場合に、大人が担うようなケア責任を引き受け、家事や家族の世話、介護、感情面のサポートなどを行っている、18歳未満の子ども」とされています。

　また、18歳からおおむね30歳代までのケアラーを「若者ケアラー」として区別する場合もあります。子ども時代からケアが継続しているケースと、18歳を過ぎてからケアがはじまるケースがありますが、18歳を過ぎると、ケアの責任がより重くなることもあります。

　本書では、若者世代（おおむね30歳代まで）のケアラーを含めて「ヤングケアラー」と呼んでいます。

　ヤングケアラーが担っていることは、一般的にケアの場面でイメージされるような着替えや移動の介助、入浴やトイレの介助だけではなく、料理や洗濯、掃除などの家事、金銭管理、通院の付き添い、他の家族の世話や見守りなど多岐にわたります。外国人の両親に代わって通訳の役割を担っている、声かけや励ましなど情緒面のサポートが重い負担になっている、といったケースもあります。

　心身共に未発達な子どもがケア役割を担うことは、肉体的にも、精神的にも、経済的にも大きな負担があります。ケアスキルを持ち合わせていないために、無理な介助を行おうとした結果、転倒や転落などで両者がケガをすることがあります。また、子どもであっても体格がよく健康なために自身の疲

ヤングケアラーが担っているケア　10種

①障害や病気のある家族に代わり、買い物・料理・掃除・洗濯などの家事をしている

②家族に代わり、幼いきょうだいの世話をしている

③障害や病気のあるきょうだいの世話や見守りをしている

④目を離せない家族の見守りや声かけなどの気づかいをしている

⑤日本語が話せない家族や障害のある家族のために通訳をしている

⑥家計を支えるために働いて、障害や病気のある家族を助けている

⑦アルコール・薬物・ギャンブルなどの問題のある家族に対応している

⑧がん・難病・精神疾患など慢性的な病気の家族の看病をしている

⑨障害や病気のある家族の身の回りの世話をしている

⑩障害や病気のある家族の入浴やトイレの介助をしている

労の蓄積に気づかず、頑張り過ぎてしまうケースも多く見られます。

　また、さきざきの見通しが持てず、ケアを受ける側・提供する側、どちらにも不安や負担感、罪悪感などの否定的な感情が芽生えることがよくあります。こうしたコントロールしにくい感情が家庭内で閉塞していると、解決策を見出せないどころか、どんどんその不安が大きくなるなどの悪循環も生まれます。

　さらに深刻なのは、本来であればケアを担うはずでない子どもたちが、家族のケアにあたらなければならない背景に、貧困や精神疾患などからくる深刻な問題を抱えていることが少なくないことです。ヤングケアラーが抱える問題は、単なる家庭の問題でもケアだけの問題でもなく、社会全体で対処していかなければならないさまざまな課題と密接にかかわっています。

　ケアのために義務教育が十分に受けられない子どもたち、高校・大学への進学もままならない子どもたちがいるとすれば、ケアのために心身の成長・発達に大きなハンデを背負うことにもなります。子どもたちは家族のケアをするのが当たり前と引き受け、自分からは助けを求めない場合が少なくありません。そんな子どもたちに対する支援は喫緊の課題と受け止め、強い危機感を持っています。

日本のヤングケアラー支援

中高校生のヤングケアラーの実態調査

　イギリスが国をあげてヤングケアラーの支援に取り組みはじめたのは1980年代のことです。一方、日本で介護保険が導入され、それまで家族の責任とされてきた家族のケアを社会全体で担おうという制度ができたのは、2000年になってからです。また、イギリスでは、1995年に家族介護者に対する支援策である「ケアラー法」が制定されていますが、埼玉県で全国初の「ケアラー支援条例」が成立したのが2020年3月、国による家族介護者に関する実態調査の結果が公表されたのは2021年4月、つい最近のことです。

　2020年12月から21年1月にかけて、厚生労働省と文部科学省が全国の中

高生を対象にはじめての実態調査を行いました。中学生の約17人に1人、高校生の24人に1人がヤングケアラーで、1日に約4時間がケアに費やされている実態に加えて、1日に7時間以上をケアに費やしている生徒が1割を超えているという深刻な状況が報告されています。

　さらに、定時制や通信制に通う高校生では、定時制高校では約12人に1人、通信制高校では約9人に1人がヤングケアラーで、全日制に通学する高校生のヤングケアラーの割合を大きく上回っています。通信制高校の生徒では、1日に7時間以上ケアに費やしている生徒が24.5％を占めていました。「当初通っていた学校を辞めた」という生徒が12.2％、「アルバイトや仕事をすることができない」という生徒も8.2％いました。このことからも、いかにケアが学業や生活に大きな影響を及ぼしているかがわかります。

　また、ヤングケアラーが抱える問題として「社会的孤立感」が指摘されてきましたが、この実態調査でも「自分の時間がとれない」「友人と遊ぶことができない」など、ケアによって、本人の自由な活動の時間や対人交流の場が減っていることが報告されました。社会的孤立感を高めている大きな要因と考えられます。

　これだけのヤングケアラーが存在しているにもかかわらず、だれにも相談したことがないという生徒は非常に多く、中学生・高校生共に6割を超えていました。相談しない理由としては、「だれかに相談するほどの悩みではない」という理由が最も多く、「相談しても状況が変わるとは思わない」という回答が続いています。この回答結果から想像すると、この実態調査で出た数字以上のヤングケアラーが潜在していると予想することができます。

公立小学校6年生を対象とした実態調査

　政府は2022年4月7日、全国の公立小学校6年生を対象に実施した、初の「児童実態調査」の結果を発表しました。この調査は、22年1月に350校を対象に行われたものですが、約15人に1人が「世話をしている家族がいる」と回答しています。低年齢層でも中高生と同様に、一定数の児童が家族ケアにかかわっている実態が明らかになりました。児童が混乱する可能性などを考慮し、ヤングケアラーの具体例などを提示せずに行った調査のため、「お

手伝い」なども含まれているとされ、実態よりも過大な数字が出ている可能性が指摘されていますが、本人たちが「お手伝い」と思っている行為の中に家族のケアが多く含まれていることを考えると、過大な数字とは言えないと私は考えています。

　児童がケアする相手（複数回答）は、きょうだい（71.0％）が最も多く、母親（19.8％）、父親（13.2％）、祖母（10.3％）、祖父（5.5％）と続いています。相手がきょうだいの場合の状況は「幼い」（73.9％）が突出し、弟や妹の世話や家事などをしていると見られます。ただ、ケアをする相手に対して、なぜケアが必要なのかについては、「わからない」「その他」「無回答」が多くなっており、家族の病気や障害に関して十分な理解が伴っていない状況がうかがえます。

　ケアをはじめた年齢は7～12歳が約7割、6歳以下も約2割います。ケアの内容は家事や身体介護、見守りなど多岐にわたり、頻度は「ほぼ毎日」が約半数を占めており、ケアに割く時間は平日の1日平均約2.9時間で、3時間未満が約半数を占め、6時間以上も約1割でした。世話の「大変さ」を感じる児童も一定数おり、心身の健康への負担や学業への負担などが予想されます。ケアがあるためにできていないことは「特にない」（63.9％）が最多で、「自分の時間がとれない」（15.1％）、「友だちと遊ぶことができない」（10.1％）が上位にあがっていました。

　参考までに、この児童実態調査であがってきた声を43ページに抜粋しました。

　このように子どもたちはさまざまな悩みを抱えているにもかかわらず、相談経験の有無の回答では「ない」が76.1％に上っており、SOSを出せずにいる子どもたちが多いことや、ヤングケアラーへの支援が行き届いていない実態が明らかになっています。

「児童実態調査」自由記述例

家族の世話をしている子どものために必要だと思うこと

- ひとりの時間や自由に使える時間がほしい
- 町の福祉の人たちに、もっと丁寧に優しく、ちゃんと考えて、助けてほしい。両親共に障害者です。生活のために、相談できる人がいなくて、仕方なく離婚しました。僕も発達障害を持っています。（障害者）手帳を持っていなくても、僕たち未成年者が使えるサービスを増やしてほしい

家族にしてもらいたいこと

- 妹をお風呂に入れるのが大変だから、一緒にやってもらいたい
- お父さんがだらだらしている時間を使って、お世話してほしい

学校やまわりの大人にしてもらいたいこと

- 頑張って世話をしていることを認めてほしい、ほめてほしい
- 少しでいいから話を聞いてほしい。弟たちにもっと楽しく過ごしてもらえる方法を教えてほしい
- 旗（振り）当番など避けてほしい。お母さんがいない間、弟、妹の世話をして、自分が学校へ行くのが遅れてしまうから

自身の気持ちや困っている状況について

- 家事を中心にやっています。ストレスから宿題をやりたくなくて、やらずに怒られることもあります。もう少し援助をしてほしい。宿題がきついです

出典: 令和3年度子ども・子育て支援推進調査研究事業「ヤングケアラーの実態に関する調査研究」厚生労働省・文部科学省

大学生の実態調査

　2021年12月から22年1月にかけて、全国396校の大学3年生、約30万人を対象にした実態調査も行われています。「世話をしている家族がいる」は6.2%、「現在はいないが、過去にいた」は4.0%という結果でした。回答者の将来の不安は「自分の時間がとれない」(20.1%)、「一人暮らしができるか」(15.9%)、「恋愛・結婚」(14.4%)、「希望する就職先・進路の変更を考えざるを得ない」(13.6%) などがあげられています。

　ケアの相手は母親 (35.4%)、祖母 (32.8%)、きょうだい (26.5%) の順に多く、母親の場合の理由は精神疾患が最多でした。大学入学前からケアを担っていた学生は、その3割弱が進学の際に経済的な不安を抱えていたということもわかりました。

　女性の社会進出が進むと同時に、晩婚化によって高齢出産も多くなりました。その影響で、子どもが成人する前に、親が何らかの病気に罹患し、要介護状態になるケースが目立つようになっています。今後、核家族やひとり親世帯などの増加によって、親のケアをしなければならないケースが多発すると予想されます。

国のヤングケアラー支援

　ヤングケアラーの年代の子どもは、一般的には勉強や部活に忙しい時期です。この時期に家事や家族のケアに追われると、遅刻や宿題忘れ、欠席が増えるなど学業に影響が出ますし、部活に参加できないなど学業以外の影響もあります。また、自身の健康面の問題や、友人との時間がとれずにコミュニケーションをとることができないという問題から、社会的孤立を招きかねません。加えて、将来の進学や就職についても、ケアが原因であきらめなければならない子どもたちがいます。

　人格が形成される時期に、ケアに時間を奪われたり、何かをあきらめざるを得ないとしたら、それは個人や家庭だけの問題ではなく、社会の大きな損失です。本人たちからの訴えがなくても、周囲の大人が積極的にかかわり、支援する必要があります。

　2021年、厚生労働省に「ヤングケアラーの支援に向けた福祉・介護・医療・教育の連携プロジェクトチーム」が立ち上がり、2023年4月から政策はこども家庭庁に移管されています。ようやく、多方面からの支援の動きが加速しつつあります。その一方で、子どもたちのメンタルケアに対する支援の遅れが指摘されています。

　「だれかに相談するほどの悩みではない」という回答のように、ケアを当たり前のこととととらえている子どもたちが多いことや、「相談しても状況が変わるとは思わない」などの早期絶望感を子どもたちが抱いてしまっていることは非常に大きな問題です。一度思い込んだことや理不尽な状況に慣れてしまうと、その考えを変えることは容易ではありません。

　メンタルへのサポートは根気強い支援が必要ですが、だれかに心の内を話してみる経験からはじめて、自分で状況を変えていけると本人が確信できる段階までの後押しが必要だと思っています。とりわけ、子どもたちが多くの時間を共有する小中高の先生方、子どもにかかわる時間が長い大人の方は、ヤングケアラーをいち早く見つけ、寄り添う支え手になる可能性が高いと思います。

ヤングケアラーを
見つけるために

ヤングケアラーの心理

　成人したケアラーであっても、「365日、24時間介護に追われている」と訴えるほど、家庭内でのケアは過酷です。ましてや、社会経験のない子どもたちが、家事やケアまで引き受けているとなると、その過酷さは容易に想像がつきます。カウンセリングやヤングケアラーの集いで聞いた、印象に残っている訴えを紹介しましょう。

「家に帰っても宿題をする時間がないどころか、気が休まる時間もない」

「クレヨンしんちゃん、ちびまる子ちゃん、サザエさんみたいな家族はフィクションの中だけの設定だと思っていた……。うちみたいな家族のほうが稀であることを高校を卒業してから知った」

　家でも緊張状態が続いている状態は社会一般からみれば稀であるにもかかわらず、その現状に本人が気づいていないことが、これらの訴えからわかります。

　また、他にも以下のような声が聞かれました。

「友だちに話してもわかってもらえないだけじゃなくて、話したら余計なアドバイスをされて、すごく傷ついた。もう友だちには話したくない」

　友人に相談しても傷つくのは、友人と自分の状態の違いに気づけないほど

に疲弊している結果が招いていると考えられます。また、同年代の友人はケアの経験がないことが多いので、友人も悪気なく励ましてしまい、結果として、ケアラーが傷つくということがよくあります。

「休み時間などに、まわりが話しているテレビの話題についていけなくて、愛想笑いしてるだけでつらい」

「LINEがすぐ返せないからグループラインに入れてもらえていないことを知って、ケアさえなければ普通の学生になれるのにと思った」

友人とのかかわりが家族のケアによって制限され、意図せず仲間外れにされ、社会的孤立から疎外感や孤独感を高めていることがうかがえます。また、自分がケアラーであることを自覚していない場合や、ケアをすることが当たり前だと思っていて人に相談していないケースも多く、勉強や部活、友人関係がうまくいかないことをすべて自分のせいだと思っている場合などはより深刻です。

メンタルの悩みは深刻なリスクにつながる

メンタルの問題がより深刻化すると、気分の落ち込み、自責感や周囲への攻撃性、それに伴う自傷他害なども起こり得ます。家計の行き詰まりで衣食住がままならなくなると、詐欺被害に遭う可能性もあります。また、万引きなどの行為が誘発されることもあります。

状況が固定化してしまうと、何も感じなくなり、「感情の平板化（アレキシサイミア）」という状態におちいることもあります。食事や睡眠をとらなくなるなど生活をキープすることもむずかしくなり、自らの健康に悪影響を及ぼすような「セルフネグレクト」の状態になることもあります。私は初診時に「アレキシサイミア」の診断がついていた2例を経験していますが、この状態になる前に、できるだけ早期に専門機関の支援が行われないと命の危機におちいります。ヤングケアラーの問題は、こういった非常に深刻なリスクにもつながっているという認識を持つことが重要です。

子どもたちが学齢期に培うべき当たり前の経験が奪われ、外でも家でも聞き分けのいい子になり、周囲の状況を見てふるまい方を変えるなど、常に心の緊張状態が続き、疲弊しているヤングケアラーをたくさん見てきました。カウンセリングにつながるケアラーは老若男女問わず、問題が深刻化してからのことが多く、もっと手前で支援の手が差し伸べられて然るべきなのです。

　本人が「相談しても意味がない」とあきらめてしまう、そもそもケアしているという自覚がない、他者に相談するという発想自体がない、自分でも何かおかしいと思ってもそれをうまく言葉にできないなど、自分からはSOSを発せない子どもたちがたくさんいます。少しでも早く、だれかが異変に気づいて支援につなげることがとても重要なのです。

「埼玉県ケアラー支援条例」の先駆性

　2020年、埼玉県が他県に先駆けて定めた「埼玉県ケアラー支援条例」には、注目すべきいくつかの内容があります。

　基本理念では、「ヤングケアラーの支援は、ヤングケアラーとしての時期がとくに社会において自立的に生きる基礎を培い、人間として基本的な資質を養う重要な時期であることに鑑み、適切な教育の機会を確保し、かつ、心身の健やかな成長及び発達並びにその自立がはかられるように行われなければならない」(第3条)とされています。

　加えて、ヤングケアラーとかかわる教育に関する業務を行う関係機関の役割として2つの条項が定められています (第8条)。

埼玉県ケアラー支援条例第8条

①ヤングケアラーとかかわる教育に関する業務を行う関係機関は、その業務を通じて日常的にヤングケアラーにかかわる可能性がある立場にあることを認識し、かかわりのある者がヤングケアラーであると認められるときは、ヤングケアラーの意向を尊重しつつ、ヤングケアラーの教育の機会の確保の状況、健康状態、その置かれている生活環境等を確認し、支援の必要性の把握に努めるものとする。

②ヤングケアラーとかかわる教育に関する業務を行う関係機関は、支援を必要とするヤングケアラーからの教育及び福祉に関する相談に応じると共に、ヤングケアラーに対し、適切な支援機関への案内又は取次ぎその他の必要な支援を行うよう努めるものとする。

　上記の条項のポイントは、子どもたちがケアに時間をとられるのではなく、子どもの時期に必要な勉強や部活動などをはじめ、人間関係の形成など、今後社会で生きていくために必要な能力を培うための時間を、国や教育機関が確保できるようにすべきであるということです。

　こうした地方発の動きがあって国の早急な法整備や社会的制度の充実などの必要性が叫ばれ、2021年に厚生労働省のプロジェクトチームが発足しました。厚生労働省と文部科学省がヤングケアラー支援に予算要求を行うなど財政面から後押しする動きも見られ、2022年度からは、自治体と協力してモデル事業が行われています。具体的には、

- 相談を受けて福祉サービスにつなぐコーディネーターの配置
- 家事やきょうだいの育児を支援するヘルパーの派遣
- 子どもたちがSNSなどで悩みを共有できる機会の確保

など、先進的な取り組みを行う自治体に対して、費用の半額から全額を補助するというものです。

ヤングケアラーを早期に発見するための関係機関の研修や支援のニーズを把握するための実態調査なども、動きはじめています。実際、若年性認知症などの支援においても、若年性認知症コーディネーターなどが設置されてから、医療・福祉・就労継続などの多方面での連携が促進されているという実績があります。ヤングケアラーの支援もこれを機に促進されることが期待され、学校現場での授業や教職員への研修などがすでにはじまっています。

　埼玉県では、ヤングケアラーに限定することなく、子育てと介護のダブルケアを担っている世帯を広く支援の対象にしています。

　各地でも取り組みがはじまっており、新潟県南魚沼市では学校教員を対象に「ヤングケアラーが学校に望むこと　トップ10」を調査し、報告しています（51ページ参照）。この調査結果を手がかりにして、教員の方々が連携し、ヤングケアラーの支援にあたっています。

　神戸市では、当時21歳の女性が同居する90歳の祖母の介護に疲れ、殺害した事件（2019年10月）をきっかけに、ヤングケアラー支援プロジェクトを立ち上げ、2021年6月、全国に先駆けて相談・支援窓口を設置しています。

　このように、先進的な取り組みを行っている自治体がある一方で、実態調査の必要性を感じていなかったり、調査する予定がなかったりする自治体もまだ多いのが現状です。

学校・家庭・地域の連携が課題

　ヤングケアラーを見つけるには、福祉サービスや医療機関など、「多様な視点からの気づき」が必要であることも認識されてきました。これまでヤングケアラーの発見には1日の大半を過ごす学校が要になると思われてきましたが、ケアラーである子どもたちは、まわりの子どもたちが学校へ行っている時間に、家庭内にいたり、家族の付き添いで病院にいたり、学校以外の場所にいたりします。

　第1章で紹介した彩さんのように、祖母の付き添いにいつも小中学生の孫が来ていたことを疑問に思った医師が地域包括支援センターに連絡し、ケアマネがヤングケアラーだと気づいた事例もあります。地域や家庭内に入って

ヤングケアラーが学校に望むことトップ10

1 ケアラーとしての責任が、私たちの教育や学校生活に影響してくることを認識してほしい

2 私たちが何を必要としているか、私たちがどのような点で他の生徒のようではないのかなど、私たちのことを聞いてほしい

3 家庭での個人的問題について聞くための時間をつくってほしい。私たちは恥ずかしくて自分から言えないこともあるから

4 遅刻したときに機械的に罰しないでほしい。私たちは家族のことを助けていて遅れざるを得ないときがある

5 お昼休みに立ち寄れる場所や宿題クラブを開くなどのサポートをもっとしてほしい

6 柔軟に対応してほしい――宿題や課題をするための時間や手助けをもっと与えてほしい

7 授業の中で、ヤングケアラーや障害にかかわる問題についての情報を扱ってほしい

8 親が大丈夫かを確かめる必要があるときには、家に電話させてほしい

9 明確で最新の情報が載っている掲示板を整えて、私たちにとってサポートになる情報や、地域のどこで私たちがサポートを受けられるのかをわかるようにしてほしい

10 先生たちが大学や研修でヤングケアラーや障害にかかわる問題についての訓練を受けられることを確実にしてほしい

出典：南魚沼市「ケアを担う子ども（ヤングケアラー）についての調査」報告書(2015)一般社団法人日本ケアラー連盟

いきやすいケアマネはヤングケアラーに気づきやすいキーパーソンのひとりです。

　ただ、「ケアマネは発見できるけれど、どこにつなぐのか」という実際の問題があります。福祉と学校の間には、情報共有の「壁」があって、連携がうまくできないという声を聞きます。私が学生時代、当たり前にあった家庭訪問も、全戸訪問はしていない自治体が多くなったり、玄関先で済ませるなど、家庭の中に学校が入っていくことはほとんどなくなっていると聞きます。さらには民間団体などともつながりにくい現状があります。

　このような状況を改善するため、学校と福祉が連携したチームになるための仕組みづくりを進めている自治体もあります。SNSを活用した相談窓口の設置、主任児童委員や民間支援団体など地域で活動している人向けの研

多様な視点からヤングケアラーを把握する

医療機関
などで発見

身だしなみが整っていないことが多い
（季節に合わない服装をしている）

通院・受診・服薬が
できていない

生活リズムが
整っていない

学校で
発見

欠席が多い

遅刻や早退が多い

忘れ物が多い

意欲がない

学校に行っているべき
時間に学校以外で
姿を見かける

家族の介助や
付き添いをしている姿を
よく見かける

地域で
発見

親が病気や障害

ひとり親で夜間就労をしている
夜間は子どもたちだけ

介護が必要な
祖父母がいる

親が読み書きできない

セルフ
アセス
メント

〈家庭内のことは実態が見えにくい〉

修、スクールソーシャルワーカーやカウンセラーの相談機会の拡充、学校での理解促進のための活動など、さまざまな取り組みがはじまっています。

国では「多機関・多職種連携によるヤングケアラー支援マニュアル」を作成し、学校・家庭・地域が一体となって、ヤングケアラー本人と家族を丸ごと支援できる体制づくりを進めています。これから、地域、学校、家庭ごとの様態に沿ったヤングケアラーの支援が求められます。

まずは「見つけて支援につなぐ」アクションが重要

ヤングケアラーの支援を拡充する政策づくりの必要性は言うまでもありませんが、子どもたちの日々の生活を確保するためには、現場レベルでの支援から政策をボトムアップしていくことが不可欠だと考えています。

一般社団法人日本ケアラー連盟（東京・新宿）が提言した、「ヤングケアラー支援のための政策案」（2021年5月）に含まれる重要なポイントは、次の2つです。

- 家庭内の問題で、子どもたちが不利益を被ってはいけない
- ヤングケアラーの問題は、ケアラーである子どもたちだけでなく、家族や周囲の大人たち、環境も含めて支援すべき

この2つのポイントを実現するには、現場で一人ひとりの状況をアセスメントし、その後の支援を具体化することが不可欠です。現状では、学校で児童・生徒がヤングケアラーだと気づいたとしても、教師にヤングケアラーや福祉に関する情報が十分に行き届いていない可能性があり、さらに、子どもを支援しようとしても、ノウハウが浸透していない実態もあります。

まずは「見つけて支援につなぐ」アクションが重要になります。

個人や家庭の問題だけではないことも念頭に置き、必要な支援が子どもたちに行きわたるように連携すること。そのための第一歩として、子どもたちの身近にいる大人には、気になる子どもがいたときに「気になる子」だけで終わらせず、一歩踏み込んで、アセスメント・支援を行うことが重要です。

ヤングケアラーの支援が進んでいるイギリスでは、放課後にヤングケアラーが集まり、情報交換や交流を図るためのプログラムが実践されており、

NPO法人や担任教員、地域ボランティアなどが参加し、本人たちが安心して話ができる場が提供されています。一方、日本では、ヤングケアラーに限らず、ケアを受ける人の存在をオープンにしたがらない風潮があります。

　2010年に日本ケアラー連盟が行った調査では、学校の教員が児童・生徒のケアの実態に気づいたきっかけが「本人からの話」という場合が多いとされ、「学校を休みがちになる」「家庭訪問などで気づく」ことは少ないという結果が出ています。「ケアラーである子どもが周囲に悩みを打ち明けられる」場所づくりがいかに重要であるかが示唆された調査です。

　ヤングケアラーの周囲に頼れる大人がいること、大人のサポートを受けながら日常生活を送り、ケアのために学業や部活などを破綻させないこと、けっして子どもたちを孤立させないことが必要です。

　最近はヤングケアラーに関する報道などで子どもたちの声を聞くことも多くなりましたが、「行政に相談すると大事になりそうで怖い」「支援されたいわけじゃない。この生活は当たり前」「いきなり『相談してね』ではハードルが高過ぎる」などの意見もあります。ヤングケアラーが注目され、いろいろな制度が整備されるのは歓迎すべきことですが、子ども自らが積極的に制度を利用したり、自分の困りごとにあわせて行政に問い合わせをすることは至難の業です。普段かかわりの少ない人から、急に話を聞くよと言われても、大半の子は「大丈夫です」と答えると思います。

　実際、「スクールカウンセラーに相談に行ったら、『大変だね、頑張ってるね』って言われたり、解決に向けての話しかしてくれない」といったヤングケアラーの声を聞いたときは、私もドキッとしました。精神科で働く心理士は、「相談に来る人は課題を解決したい」ということを前提にカウンセリングに入りますが、ヤングケアラーの子どもたちには、違うニーズがあることを思い知らされました。

　ヤングケアラーの支援において大切なのは、普段からかかわりのある大人が、子どもたちの抱える困りごとに向き合うことです。地域に住む人や近所で働いている人なども、「なぜこんな時間に子どもが家や学校以外の場所にいるのだろう」と疑問に思ったら、自治体の相談窓口や、各学区に設置基準のある地域包括支援センターに連絡を入れるなどのアクションをお願いし

ます。その1本の電話がヤングケアラーとその家族への支援につながる、きっかけになります。

心を開いて悩みを
打ち明けてもらうには

実際にヤングケアラーと思われる子どもを把握するにはどうしたらよいのでしょうか。学校現場を例に考えてみましょう。

ヤングケアラーの役割を担う子どもたちは「いい子」と評価される子どもが多いです。授業も宿題も頑張っていたり、保健室に行って休んでいたとしても、頭痛などを理由にして、家族のケアのことは隠し続けているかもしれません。「学校に来られているから大丈夫」「教師は家庭の問題に踏み込むべきではない」という思い込みは捨てて、一歩踏み込んで子どもと接することが必要です。

国は、ヤングケアラーを把握するためのアセスメントについても検討しており、ヤングケアラーの子どもに見られやすい特徴を示しています（巻末資料116ページ参照）。定期的に気になる子どもをこの項目に沿ってチェックしてみてください。

メンタルケアの視点から見ると、以下の点にも注意が必要です。

- 授業に集中できていない、体調不良や気だるさがありそうなのに、はっきりした理由を言いたがらない
- 通常どおりの食事ができない、食欲に波がある
- 表情変化が乏しくなる、もしくは、極端な感情の表出がある（泣きわめいたり、ひどく怒ったりする）
- 頭痛や貧血の背景に睡眠不足が疑われる

　これらのチェックポイントに当てはまっても、「そっとしておいてほしい」という子どももいます。学校が唯一の息抜きの場であり、せめて学校ではケアのことは忘れて楽しく過ごしたいという思いもあり、「何かをしてあげよう」「解決してあげよう」という一方的な思い込みでは、本人の気持ちにそぐわないでしょう。「本人がどうしてほしいか」を聞くのが最優先です。

　だからといって、放置しておけば問題が深刻化することもあります。そのときどきの状況や気持ちによっても変化する、非常にデリケートな問題なのです。それを前提としたうえで、慎重に様子を見きわめながら手を差し伸べていくスキルが必要になります。

信頼関係とタイミングが重要

　最近の授業態度や体調面などから、「この子はヤングケアラーかもしれない」と思っても、いきなり「最近授業に集中できていないみたいだけど何かあった？」などと抽象的なことを聞かないようにしましょう。

　また、決めつけるかのように、「ケアや家事の問題を抱えているなら何でも話してごらん」というような介入の仕方もNGです。お互いの信頼関係を

子どもとのかかわりステップ（NGパターン）

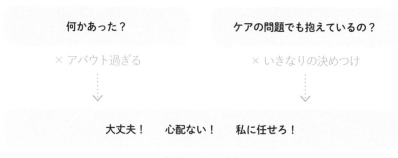

何かあった？　　　　　　　　　ケアの問題でも抱えているの？

× アバウト過ぎる　　　　　　　　× いきなりの決めつけ

大丈夫！　心配ない！　私に任せろ！

× 根拠のない励まし

それはもっとこう考えてみたら？

× いきなりだと否定されたようで次につながらない

築くことや、心の内を打ち明けるにはタイミングが大切だからです。

　信頼して打ち明けてもらうために、まずは関係づくりが大切です。「何を今さら」と思うような単純なことかもしれませんが、常日頃から「おはよう」などの挨拶のトーンを意識してみると、「あれ？　今日は声が小さいな」や「目が合わない」など、ささいな変化に気づくかもしれません。そのささいな違和感に気づくことができるのは、毎日のように顔を合わせている身近な大人である学校教員や養護教諭、スクールカウンセラーの方々だと思います。私たちのように病院勤務では、子どもが来院するのを待つしかありません。

　声や目線のささいな変化に気づいたら、「最近少し元気がないみたいだけど、体の具合が悪い？」などと、まずは、本人も意識しやすく、話しやすい、身体面について取り上げてみてください。そこで本人から、眠れていないなどのワードが出たら、「それはつらいね。寝入ることができにくくなったのかな？　それとも寝てもすぐに目が覚めちゃうような感じかな？　それともすごく朝早く目が覚めちゃうとか？」などと、本人の現状を明確化していきます。

　頭が痛いなど明確に症状を言う場合もあれば、なんとなく体がだるいといったような曖昧な表現にとどまるかもしれません。でも、それは体が休むようにSOSを出しているということです。周囲の大人が本人と一緒にSOSの内容や原因を整理する必要があります。

悩みを打ち明けてもらうステップ

　話を聞く際には、決めつけや根拠のない励ましをせず、時間をかけて徐々に心を開いてもらうという前提でかかわることが大切です。60ページの図子どもとのかかわりステップ（OKパターン）のような段階を追って、かかわりを進めていくことをおすすめします。

　私がこれまで実施してきた介護者カウンセリングでは、自分自身が抱える問題を解決したいと思っているケアラーであっても、実際に行動や思考に変化が表れるには、早い人で3カ月かかります。介護者カウンセリングの性質上、回数や頻度が少ないという条件はあるかもしれませんが、やはり、課題

を解決するにはある程度、時間を要します。とくに、家庭内でのいろいろな
問題が絡んでいる場合や長年困りごとを抱えている場合、子どもたちが、自
分事として解決的な方法を試し、行動や思考を変えていくには、もっと長い
時間がかかります。

　ただし、子どもが自傷行為、他害行為など自他に危機的な状態にある場合
には、即座に救急医療機関を受診するなどの対応を行うべきです。そこまで
の緊急性がない場合でも、まずは体調を見きわめ、だるさや不眠など生活リ
ズムの乱れ、頭痛や腹痛といった身体症状、落ち込みやイライラ感などの精
神症状が2週間続く場合は、医療機関への受診が必要です。2週間以内に症
状が軽減する場合は、信頼できる大人が少しずつ話を聞くようにしてくださ
い。

　本人から、1週間に1回程度は話す機会がほしいと言われれば、2回に1回
は話を聞くだけ、話をする機会はそれ以上に設定してもかまいません。話し
ているうちに考えが整理され、落ち着いてきます。

　【N式ツール】を使う場合は、ケアパターンの客観的な評価、困りごとの
整理など（第3章参照）をかなり早い段階で行っても問題ありません。しか
し、実際にツールを使う場合、ひとつのツールを終えたら、次のツールを試
すまでに、おおよそ1カ月空けてください。子どもと大人の間に信頼関係が
あり、ある程度、自身の言葉で表現できる子どもたちであっても、最低でも
2週間は空けることが必要です。自分の気持ちや状況を他者に開示する作業
はとても大変なことだからです。それを毎日のようにくり返すことは、内面
の整理や心を落ち着かせる以上のリスクを伴います。

　実際に話を聞くときには、62ページのポイントを意識していただくと、
お互いが安全な距離を保ちながらのサポートが可能になります。カウンセリ
ング場面において、心理士が気をつけていることですが、サポートする側の
限界を知って、ひとりで抱え込まずに、適切に連携していくことが何よりも
大切です。ぜひ、支援の必要性に気づけた方が発信源となり、子どもたちの
ための支援の輪がより広がり、ネットワークの網目が細かく、強固になるよ
うに行動してください。

子どもとのかかわりステップ（OK パターン）

「少し元気がないみたいだけど、どこか体の調子が悪い？」

○本人も意識しやすい

↓

だるい	「夜は眠れている？」 「食事の量や好みが急に変わったりしてない？」
頭痛、腹痛 腰痛など	上記に加えて、「いつから？」 「何か重いものを持ったり、無理な体勢を続けたりした？」 *定期的に来る月経痛なども、とくにひどくなっているようなら要注意
眠れない	「いつからそう感じる？」 「布団に入ってからもずっと目が覚める感じ？」 「夜中に何回も目が覚める？」 「朝すごく目が早く覚めてその後眠れない？」

○具体的な症状が出てくるのは、背後にケアの問題が隠れていないか探るチャンス

↓

「それは体から休むようにサインが出ているよ」
*本人に危機感をもってもらう、本人自身が SOS に気づくチャンス

保健室などに誘導
↓

信頼できる大人が話を聞く

↓

「まずは 1 回、意識的に休ませてみよう」

○たとえば、授業 1 コマだけでも休んでみる

↓

「ゆっくりしてみて、少しはよくなった？」

よくなった　　　　　　　　　　　　　　よくならない

「もしかして、家でゆっくり
休めないなど、何かある？」

「もう少し休む？」
「1度病院へ行かなくていい？」
*体の症状を精査したうえで

「今、○○がしんどいと思っているんだね」

「一緒に整理しながら考えてみたいけど、いい？」
*本人だけの問題ではなく、こちらも能動的であることを示す

この段階まできたら、お互いが安心して話を進められるように、
第3章のツールを使う

話を聞くときの注意点

1 NGパターン（57ページ）のような決めつけた態度は絶対にしない

2 本人が話しても抵抗のなさそうな話題から聞いてみる
（ただし、矢継ぎ早に質問しないように注意）

3 本人が話したことを否定しない

4 根拠のない励ましをしない
（例「絶対大丈夫！」「心配するな！」「全部私に任せて！」など）

5 支援が進むまでは、基本は本人の言った言葉を返し、共感する
（例「○○って思うんだね」「○○がしんどいんだね」など）

6 お互いに慣れてきたら、本人の言葉を「○○ってことでよいかな？」と確認し、それに対する例外探しや解決策を考える

7 最終的には、問題点の整理や例外探しを本人ができるようになる手助けをする

非常にデリケートな問題であるだけに、
入り口でつまずくと支援はできません。

第3章

ヤングケアラーの
メンタルサポート

Mental Support for Young Carers

　この章では、N式ケアラーサポートツール（【N式ツール】）の使い方をご紹介します。このツールを使って、次の2つができるようになることを目指します。

- ヤングケアラー本人がケア場面でどんな対処をしがちなのか、今の傾向を知ること
- 1日24時間の使い方を客観的に整理し、自分のために使える時間を見つけ出す体験を通して、困難な状況下であっても自分の感情をコントロールできるようになること

　サポートする大人が一緒に話し合いながら、ワーク形式でやってみましょう。

ヤングケアラーの
メンタルケア

【N式ツール】で感情コントロールを身につける

　介護者カウンセリングの当初、すべての相談者が口を揃えて「365日、24時間ケアに追われている」と訴えます。ケアラーがどんなに頑張っても、ケアを必要とする人の病状が慢性的・急性的に進行してしまうことがほとんどで、「こんなに頑張っているのに悪くなる一方で、私のケアは間違っているのだろうか？」と病状進行を自分のせいにしてしまうケアラーは多くいます。

　N式ケアラーサポートツール（【N式ツール】）は、ケアによるうつやバーンアウト（燃えつき）を防ぎ、ケアラーのケア負担を軽減するために考案したものです。開発からすでに10年の実用経験があります。

　実際のカウンセリングは、ケアラーとサポートする側に信頼関係ができてからスタートしますが、3カ月から1年もしくは1年半ほどかけて継続して行います。信頼関係がまだできていない場合は、【N式ツール】を使うまでに半年から1年ほどかかる場合も想定しておいたほうがよいかもしれません。

　【N式ツール】はケアラーの生活をケアだけにしないよう気づきを得るためのものですが、当事者が自分自身のケアパターンに気づき、【24時間スケール】(85ページ参照)を使って1日の使い方を客観的に把握し、ケアとの適切な距離感を身につけ、自分の気持ちなどもコントロールできるようになることを目指しています。

　「私の毎日はケアを受ける人に振りまわされていると思っていたけれど、ケアを受ける人や周囲の人が変わらなくても、私自身が少しかかわり方を変えてみたら、それが自分のためになる大事な変化だったと気づきました。なんで頑張っている私がケアを受ける人のために変わらないといけないんだと思ったら変われなかったと思うけど、先生が『ご自身の人生をケアだけに

しないために』と言ってくれたから、試してみようと思えました。今は本当にあのときにやってよかったと思うし、今ケアに苦しんでいる人にも、ケアを受ける人のためじゃなくて、自分自身のためにぜひこのツール使ってみて！　と言いたいです」といった肯定的なフィードバックが寄せられています。

　心理学を専攻した心理士でさえ、いきなり目に見えない自分の感情や心を把握したり、ましてやコントロールすることは困難なことです。

　自分の感情をコントロールするためには、まずは、漠然とした困り感や不安を整理したうえで、目に見えるものを自分自身でコントロールしてみる、そして最後に感情の部分まで自分自身でコントロールするという過程を踏むとよいでしょう。

　ここで大切なのは、ケアを受ける人のためにケアラーがかかわり方やパターンを変えなければならないわけではないということです。メンタルケアの場面で大事なのは、あくまでも「ケアラー自身が、自分自身のために変わりたいと思う気持ちを持てるよう後押しをすること」です。日常生活の中でのサポートはカウンセリングルームとは異なる環境が多々あるかと思いますが、ぜひ、試せそうなものから実践してみていただけると幸いです。

　メンタルケアに入る前に、支援者がポイントをしっかり理解したうえで、信頼関係を築きながら進めてください。【N式ツール】のフォーマットを巻末にまとめましたので、コピーして利用してください。

【N式ツール】を用いたサポートの流れ

メンタルサポートに入る前に

- 最近の本人の調子を聞く
- 本人の好きなもの、興味のあることを聞く
- 雑談程度に家庭内の様子を聞く

家庭内の様子を話したがらなかったり、隠したりするのは、ケアが必要な人を抱えている兆候かもしれない。また、まだ話していいと思える信頼関係がないのかもしれない。

※実際のメンタルサポートの流れに入るのは
　信頼関係ができてから

メンタルサポート1回目

ケア以外の話をしたい

サポート開始時の内容をくり返し、本人が話したくなるまで待つ。いつでも聞くよ！という姿勢は崩さずに、無理にこちらからツールを使った介入はしない。

困りごとを話したい

- ケアを受ける人（要ケア者）との関係
- 要ケア者はどんな様子か
- 1人で対処するのがむずかしいものは何か
- ケアパターンの視覚化
- 支援の共通目標（ゴール）を決める
- どのくらいの頻度でやるか
- 話をしやすい時間帯はいつか

把握する

メンタルサポート2回目以降

- 前回の振り返り
- 前回から今回までの間での出来事（ケアに関係なく何でも）
- 前回からあった変化（ケアラー・要ケア者どちらについても）
- ツールを使ってみた感想などの共有
- 次のツールを使う、具体策を練る
- 目標やペースの確認
- 次回までに意識しておくことや試してみることを考える

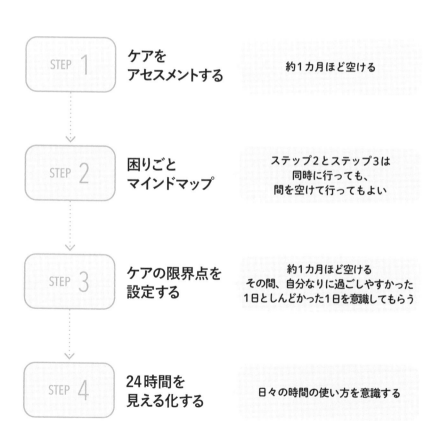

2 ヤングケアラーのための
メンタルケアの進め方

メンタルケアの流れ

　ヤングケアラーと支援者が一緒に進めていけるメンタルケアをマニュアル化しました。大きく4つのステップに分かれます。

STEP 1	ケアを アセスメントする	約1カ月ほど空ける
STEP 2	困りごと マインドマップ	ステップ2とステップ3は 同時に行っても、 間を空けて行ってもよい
STEP 3	ケアの限界点を 設定する	約1カ月ほど空ける その間、自分なりに過ごしやすかった 1日としんどかった1日を意識してもらう
STEP 4	24時間を 見える化する	日々の時間の使い方を意識する

ケアをアセスメントする

　まずは、ケアの現時点での傾向を把握しましょう。これは在宅でケアを行う中で、どのような対応をする傾向があるかを見るもので、ケアの善し悪しを判定するものではありません。また、状況によって変化していくものであり、これでケアの対処傾向が確定されるわけではありません。

① スケールに丸をつける

　日本人の在宅ケアで生じやすい16項目が並んでいます。あまり考え込まずに、直感的にぱっと丸をつけてください（119ページの記入用フォーマットをご使用ください）。

ケアの傾向スケール

0：全然できていない　1：あまりできていない　2：少しできている　3：よくできている

		点数	合計得点
1	できる範囲で無理しないようにお世話している	0 1 2 3	
2	自分が倒れては困るので、自分自身の健康管理に気をつける	0 1 2 3	点
3	希望を捨てず、毎日を明るく過ごす	0 1 2 3	
4	意思の疎通をはかり、ケアを受ける人の気持ちを尊重する	0 1 2 3	
5	ケアを受ける人に対して優しく真心をこめて接する	0 1 2 3	
6	ケアを受ける人に頼まれたことは後回しにせず、すぐに実行してあげる	0 1 2 3	点
7	とにかく精一杯ケアを受ける人を介護する	0 1 2 3	
8	友人と会ったり自分の好きなことをして気分転換する	0 1 2 3	
9	ケアに振りまわされず意識的に自分の時間をとる	0 1 2 3	点
10	ケアしている者同士励まし合う	0 1 2 3	
11	ケアにまつわる苦労や悩みを家庭やまわりの人に聞いてもらう	0 1 2 3	点
12	ひとりでなんでもやろうとしないで、家族やまわりの人に協力を頼む	0 1 2 3	
13	役所や医師、看護師などの専門家と相談する	0 1 2 3	
14	ケアに役立つ情報を集める	0 1 2 3	
15	在宅サービスを積極的に利用する	0 1 2 3	点
16	ケアを受ける人の状態が急変した場合に備えて対応策を立てる	0 1 2 3	

（介護コーピングスケール・岡林1999）

② 得点を評価する

　それぞれの得点を見てみましょう。得点を見るポイントは、5つの中でどれが一番高くて、どれが一番低いかです。

採点の仕方	採点結果	ケア場面での対処傾向
1 ～ 3の合計得点÷3	点	**ペース配分タイプ**
4 ～ 7の合計得点÷4	点	**ケア没入タイプ**
8 ～ 9の合計得点÷2	点	**気分転換タイプ**
10 ～ 12の合計得点÷3	点	**自助グループタイプ**
13 ～ 16の合計得点÷4	点	**専門サービス利用タイプ**

　日本人のケアの対処傾向は主に下記の5つのタイプに分けられると言われています。

日本人のケアの対処傾向

5つのタイプ

① ペース配分タイプ

できる範囲で無理をしないようなケアを心がけ、ケアにつかず離れずの距離をとるタイプ。「自分の体調管理に気をつけ、無理はしない」など

② ケア没入タイプ

とにかく精一杯ケアに打ち込み、ケアを受ける人のことを最優先にするため、介護うつやケアによる燃えつきになりやすいタイプ。「この人には私しかいない！」など

③ 気分転換タイプ

ケアに振りまわされることなく、自分の時間を意識的にとるタイプ。「友人とお茶をしたり、ケアに費やす時間以外に自分の時間も確保したりする」など

④ 自助グループタイプ

ケアラー同士のつながりを持って仲間や家族に相談したり、手伝いを求めるタイプ。「家族会への参加や、親戚・兄弟とよく話し合う」など

⑤ 専門サービス利用タイプ

専門家に相談したり、専門的な情報を集めるタイプ。「在宅サービスを利用する、役所や医師・看護師に相談する」など

この5つのタイプはどれかひとつだけに当てはまるわけではなく、複合的に見ていきます。また、タイプはあくまでも現在の状況での対処傾向ですので、経過と共に変化することがあります。これらの対処傾向によってもたらされるケアのパターンは、以下の3つに大別されます。

対処傾向に
よってもたらされる
ケアの

3 つのパターン

① **ケア燃えつき型**

ケア没入タイプの得点が高く、ペース配分タイプや気分転換タイプが低いパターン

ケアによるうつやバーンアウトになる危険性が最も高いケアパターンです。むずかしいかもしれませんが、何かひとつでもサービスを利用するなど、自分の時間を確保する方法を考えましょう。

② **ペース配分型**

ペース配分タイプや気分転換タイプの得点が高いパターン

ケアと適度な距離をとれている可能性があり、ケアによるうつやバーンアウトの観点からも、適度なケアパターンを身につけていると考えられます。

③ **サービス活用型**

自助グループタイプや専門サービス利用タイプの得点が高いパターン

ケアに対する見通しを持ちたいというニーズが高いパターンです。家族の会や専門家から、知識を収集して見通しを持つことで、ケアへの不安が軽減される可能性があります。

※まれに、すべてのタイプの得点が高い型、もしくは低い型もあります。

　レーダーチャートにケアの対処傾向の得点を記入してみましょう。この形が現在のケアのパターンになります。できれば色を分けて、3カ月後、半年後、1年後など比較してみましょう（120ページの記入用フォーマットをご使用ください）。

解説 1　ケアパターン結果の見方

　これは第1章で紹介した絵美さんが実際に記入したものです。絵美さんの場合、初回はケア役割を積極的に受け入れており、自分ひとりで頑張ろうとしていたために、ケアに没入し、気分転換やペース配分ができていませんでした。しかし、カウンセリングや【N式ツール】を自分なりに試す過程を通して、ケア以外の時間を意識的に確保することで、ケアへの没入具合がやや

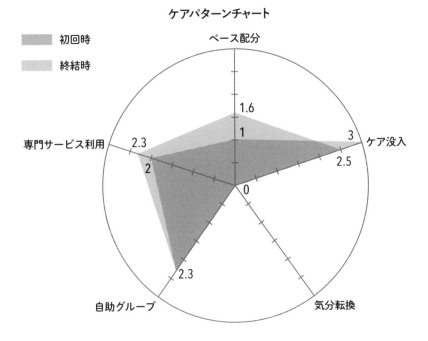

ケアパターンチャート

緩和され、ペース配分の得点が上がりました。

　また、専門的なサービスを受けることへのハードルが下がり、利用したことで、専門サービス利用タイプの得点も上がっています。ただ、4人もケアを受ける人がいましたので、なかなか気分転換の時間をとることはむずかしく、得点上の変化はありませんでした。

　ケアラーの心身のことを考えると、かかわりの中で、ケア没入タイプの得点が下がり、それ以外の得点は上がることが望ましいです。そして、それを本人が継続できるように支援することが必要です。

解説2 | ケアパターンが変化することで悪循環から良循環になる

　ケアを受ける人の困った行動（ケアがむずかしい場面）が変わらなくても、ケアラーのかかわりを変えることによって、新しいケアパターンを獲得できます。これまでのパターンをいきなり変えることはむずかしくても、対応を変えることで、ケアを受ける人の反応（結果）が変わり、同じような困った行動が出てきたとしても、少しずつ対処傾向を変えていくことはできます（74ページ参照）。この悪循環を良循環に変えていくには根気が必要です。ケアラーの気づきだけでなく、周囲が一緒に別の対応を考え、ケアラーが試みて、その対応を継続・変更するかどうかは、また一緒に考えるということをくり返していきます。

ケア場面に見られる悪循環

**ケアが
むずかしい場面** — ケアを受ける人の言動でケアラーが困ってしまうもの

ケアパターン
- ペース配分タイプ
- ケア没入タイプ
- 気分転換タイプ
- 自助グループタイプ
- 専門サービス利用タイプ

**ケアラーの
かかわり** — 自身の生活を犠牲にしてもケアを受ける人の要求に応える

**結果
（ケアを受ける人の反応）** — ケアに没入してしまう、ケアを受ける人中心の生活
（ケアラーに依存）

**かかわりの
振り返り** — 「ケアを受ける人には私しかいない」と、よりケアに没入し、
共依存になる

ケアパターンによる良循環

**ケアが
むずかしい場面** — ケアを受ける人の言動でケアラーが困ってしまうもの

ケアパターン
- ペース配分タイプ
- ケア没入タイプ
- 気分転換タイプ
- 自助グループタイプ
- 専門サービス利用タイプ

**ケアラーの
かかわり** — 危険性が低い場合など、必要以上のケアをせず、趣味や自
身の時間を積極的に確保する

**結果
（ケアを受ける人の反応）** — ケアとの距離を保ち、気分転換やペース配分ができる（ケア
を受ける人のできることを維持する）

**かかわりの
振り返り** — ケアラーが自分自身の時間を使うことが可能になる

ケアパターン結果の活かし方

　私はカウンセリングの経験を通して、ケアパターンの傾向は下の図のように段階を追って変化していくのではないかと考え、これまで学会などで提言してきました。ケアラー自身が、時間や感情をコントロールする手がかりとして、対処傾向を把握しておくことが役立つ可能性があります。

ケアパターン結果の活かし方

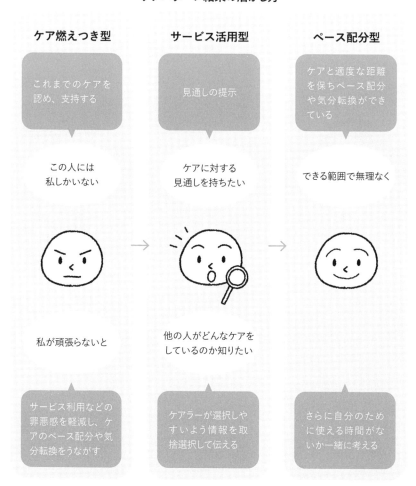

　ケアパターンの結果を踏まえて、支援者はどのようにかかわればよいか、参考までにカウンセリングでの声かけの一例をご紹介します。

　支援者にも、ケアラーにも、それぞれのキャラクターがありますので、このとおりの声かけが必ずしも有効というわけではないかもしれません。そのうえで、なんて声をかければよいのかわからないといった場合には、参考にしてみてください。

①

ケア燃えつき型への声かけ

よくここまで頑張ってきたね　←‥‥‥‥‥‥‥　これまでのケアを認め、支持する

でもこのままだと、ケアだけじゃなくて、○○さんの生活まで立ち行かなくなる可能性もあって、それが私は心配なんだ。サービスは何か使ってるかな？　サービスの利用はけっして、ケアへの手抜きではないから、自分のために使える時間を確保するためにも、サービス利用を一緒に検討してみない？　そうしたら少しケアにゆとりが出る可能性があるよ。　←‥‥‥　サービス利用などの罪悪感を軽減し、ケアのペース配分や気分転換をうながす

　ケアラーとしての自覚がある・ないは別として、ひとりで頑張れるのは本当にすごいことです。この点にはまず、十分な労いと敬意を払ってください。ただ、ケアラーの人たちは、家族のためにケアをしていることを「偉い」と評価されると、余計に周囲に頼れなくなります。たまたま、その役割を担ってしまい、その力があったからここまでできるのです。本人の頑張りは十分にほめますが、ケアラーの役割をほめるような言い方は控えてください。そのうえで、サービスの利用や自分時間の確保に関しては、具体的かつ積極的に伝えてください。

② サービス活用型への声かけ

個人差があるから、いつこうなるかまでは
わからないけど、こういう場合はこういっ
た経過をたどることが多いみたいだね

〈… 見通しの
提示

こういった症状が出てきたときには、こ
ういった治療やサービスを受けたほう
がいいと思う。でもメリットもデメリッ
トもあるから、専門家に聞きつつ、一緒
にどうするか考えようね

〈… ケアラーが
選択しやす
いよう情報
を取捨選択
して伝える

　子どもに限らず、ケアラーがひとりで制度やサービスを選んで利用することは非
常に重荷です。支援する側に、十分な知識や情報がない場合もあります。そのと
きは、サービスが必要になるかもしれないことや、もしかしたらもう使えるものがあ
るかもしれないことなどを伝え、「一緒に聞きに行こう」などと誘い、行政の窓口に
行くなど、その一歩をサポートしてください。加えて、どのタイミングで吹き出しの
ようなことが起こるかではなく、どんなタイミングでも、子どもだけに選択をさせず、
こちらがいつでも一緒に考える姿勢を見せておくことが重要です。

ペース配分型への声かけ

ここまでのケアの中で、自分自身でペース配分できているのは素晴らしいね！○○さんにとっても、家族にとっても、素晴らしい対応ができていると私は思うよ

<… ケアと適度な距離を保ち、ペース配分や気分転換ができている

今の対応は、○○さんが身につけた素晴らしい対応だけど、もっと利用できるサービスや自分の時間があると、より○○さんらしいペースで今後も生活できるかもしれないから、何か気になることや話したいことはいつでも言ってね

<… さらに自分のために使える時間がないか一緒に考える

　仮に、ペース配分や気分転換ができていたとしても、普段、一生懸命にケアにあたっている人ほど、ペース配分や気分転換できていることを「手抜き」だと思ってしまうことがよくあります。

　日々、ケアに追われる中で、こういった時間やパターンを身につけ、実践できていることは本当に素晴らしいことです。その点を、十分過ぎるくらいにほめたうえで、自分のための時間の確保は今後もより意識的に行ってもらうために、より自分らしいペースを探していくことはとくに強調して伝えます。

困りごとマインドマップ

ステップ①で判定した対処の傾向がどのようなタイプでも、ケアを漠然と「大変だ」ととらえた状態では、どうしたら負担を軽くできるかを探りにくい状態になってしまいます。傾向を把握したら、何に困っているのかを細かく整理してみます。つらいことばかりではなく、意外と、うれしいことや楽しいこともあると気づけるかもしれません。

① 困っていることを書き出す

用意するもの：大きめの紙、色違いのふせん（2色）、筆記用具

1 大きめの紙に、困っていることを思いつくままに書き出しましょう。

- 遊びに行けない
- 自分の時間がない

2 1で書き出したことがらを、ふせん1枚に1つずつ書いていきます。そのとき、「自分が困っていること」と「ケアを受ける人が困っていること」でふせんの色を分けましょう。

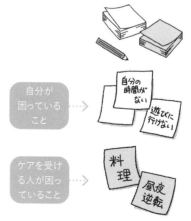

自分が困っていること ……> 自分の時間がない 遊びに行けない

ケアを受ける人が困っていること ……> 料理 昼夜逆転

3 以下について書いたふせんを選
びましょう。

(1)「自分が困っていること」の中
で最もつらいこと

(2)「ケアを受ける人が困っているこ
と」の中で最もつらいこと

4 「自分が困っていること」「ケアを受ける人が困っていること」のそれぞれ
について、3 で選んだふせんを一番右に置き、一番負担の小さいものや
自分なりに対処できているものを左に置きましょう。その他のふせんを
負担が左右どちらに近いか検討しながら並べていきましょう。

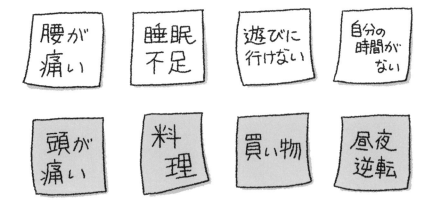

5 4 で並べたふせんの出来事について、困り度合いがどれくらいかを書いてみましょう（0が一番低く、100が一番困っているものとします）。

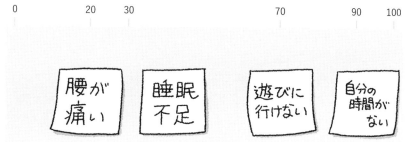

※ケアを受ける人のふせんも同様に並べる

② **よいことを見つける**

1 ケアの中でうれしいこと、普段の生活の中で楽しみにしていることと、それが起こる頻度を書き出してみましょう。

⑴ケアの中でうれしいこと、喜びなどは？　それが起こる頻度は？

MEMO

⑵生活の中でやっていて楽しいこと、楽しみにしていることは？（ケア以外の時間でのこと。たとえば、好きなテレビ番組を見ている時間など）それができる頻度は？

MEMO

　下の表は、実際にカウンセリングを受けた方々が書いた困り感を分類したものです。身体的なものよりも精神的な不安などが高得点になっています。このような傾向は多くのケアラーに共通して見られることが、これまでの研究でもわかっています。他の人にもこのような傾向があることを知ると、「こんなことに困っているのは自分だけじゃないんだ」と安心する人もいます。

ケアラーが困っていること

困り感の度合い	困っていること
軽度（0 ～ 29）	腰痛・睡眠不足
中等度（30 ～ 69）	本人をひとりにできない 相談できる相手がいない テレビを見る時間やLINEをする時間がなく、話題についていけない
重度（70 ～ 100）	見通しが立たない 自分の時間がない 代諾の不安

　ある報告によれば、ケアラーの精神的な負担になる要因として、「ケアのために時間がとられ、社会活動や交流が制限されること」「イライラしてケアをしたくないと思う感情」「経済的な事情」の大きく3つがあげられます。人によって何が大きな負担要因となるかは違いますので、何に困っているかを明らかにすることが、状況を改善するためには大切なのです。

ケアラーの精神的負担になる要因

社会活動制限	・ケアのために時間がとられ、社会的役割が果たせない ・ケアに追われ、家族や友人との関係が疎遠になる
拒否感情	・要ケア者を見ているだけでイライラする ・要ケア者に対して我を忘れてしまうほど、頭に血が上る
経済的逼迫	・ケアに必要な費用が家計を圧迫している ・ケアのために生活に余裕がなくなり、将来に不安を感じる

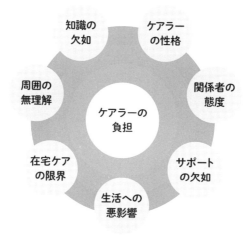

ケアラーが負担に感じやすいこと

知識の欠如／ケアラーの性格／周囲の無理解／関係者の態度／ケアラーの負担／在宅ケアの限界／サポートの欠如／生活への悪影響

　ケアラー自身が、上記のような、他のケアラーも負担に感じやすいことを知っておくほうがよいと考えるのは、ケアに疲れたときや嫌になったときに「こう感じるのは自分だけではない」と思えるからです。また、自分のせいではなく、ケアをしていればだれでもこんな困りごとを抱きやすいということをケアラーが思い出すことで、頑張っている自分を責めてほしくないという私の願いが込められています。

　私はカウンセリングをするときに、「どんな家族にも、家族力の限界はあります。どんなにケアラーが頑張っても、ケアラーだけで頑張るケアはいつか破綻します。壊れてから、修復するのには時間も気力もかかります。限界が来る前に、一緒に、できそうなことを一つひとつやっていきましょう」と伝えています。そのときにうえの図を見せて、これらの負担の強弱は人によって違うこと、その強弱によって、限界の許容やスピードが違うことを説明しています。

ケアの限界点を設定する

　毎日ケアをしていると、ケアをすることが当たり前になり、ケアラー自身のしんどさや限界を超えていることに気づかずに頑張り過ぎてしまい、ケアラーが倒れたり、最悪の場合は介護虐待や介護心中につながったりしてしまうこともあります。そうならないためにも、ケアがはじまってから初期に限界点を決めておきましょう。もう何年も経っているという場合であっても、できるだけ早期に設定し、限界点を超えたときの対処法も考えておきましょう。

　実際のカウンセリングで設定された限界点をご紹介します。ケアを受ける側の要因としては、「身体状態の悪化やトイレ介助を要するようなレベルになったら在宅ケアはむずかしいと感じる」などがあげられます。また、「徘徊がはじまったら施設にケアを頼みたい」という意見もありました。ケアラー側の要因としては、「自分自身の意欲低下や不眠が生じることや身体症状が出てきたら限界と認めざるを得ない」などがあげられました。加えて、双方の要因としては、「お互い手が出るようになったらおしまいだ」と話すケアラーは多いです。

　ケアラーを取り巻く環境によって限界点はさまざまですが、ケアを受ける側の要因とケアラー側の要因、双方の要因があげられ、実際に、設定した限界点を記録として持ち帰ることによって、日々の在宅ケアで意識できたという声が多くありました。また、限界点を設定したことによって、ケアラー自身が限界があることをポジティブにとらえられるようになります。

　実際に、カウンセリング期間中に、設定した限界点を超えたとして、施設入所を決めた家庭もあれば、自身の限界点に達したことを自覚しつつも、親戚関係や経済面の問題で施設入所に踏み切れない家庭もありました。そういった家庭には、ケアラーに確認し、希望する場合には地域包括支援センターなどへの見守り強化を依頼しました。このように、ケアラーや家庭だけが頑張り過ぎない環境を調整するといった対処を行ううえでも、限界点を設定しておくことは重要です。

STEP **4**　# 24時間を見える化する

①【24時間スケール】に記入する

　ケアを受ける人とケアラーの１日の過ごし方を表に示して「見える化」してみましょう（121・122ページの記入用フォーマットをご使用ください）。何に時間をとられているのか、変えられる点はないかを探し、自分自身のために使える時間を意識的に確保することで、ケアに没入してしまい過ぎることを防ぎ、ペース配分できるようになることを目指しましょう。

解説6 【24時間スケール】の活かし方

　86・87ページのスケールをご覧ください。これは、絵美さんが実際にカウンセリングの過程の中で記載したものです。認知症の祖母のわがままに対し、そのつど対応していたところを、定期的な様子見と介入に切り替えたことで、自分の時間を確保できるようになりました。また、同様にケアを必要としていた祖父と父に祖母の話し相手をしてもらうことで、これまでは自分だけが話し相手になっていたところ、夜に愚痴を聞かなければならない機会が減ったり、時間が短縮されたりしたという変化も見られました。

　大人がヤングケアラーと一緒に行うメンタルケアの場面では、【24時間スケール】に実際に記載してもらった後、可能な限り「本人が自分自身で使えそうな時間を見つけられるようにサポートする」ことが重要です。いきなり例外を探すのではなく、毎日の通常モードと、なんとなくうまくいった日やとくに大変だった日などの異例モードを比較して、異例モードが例外であることをまず視覚化しましょう。理想としては、何パターンか書いてみて比較していく中で、大まかでよいので、自分なりにやれる日とそうでない日の違いを洗い出しましょう。

ケアを受ける人の【24時間スケール】例

0	2	4	6	8	10	12	14	16	18	20	22	24
就寝			起床 朝食 身支度	畑に行こうとする 行かせてもらえないと 家族を責める、 機嫌が直らず朝食を とらないこともある			離れで 過ごす	散歩	入浴 夕食	ケアラー に愚痴 を言う	就寝	

⬇ after

0	2	4	6	8	10	12	14	16	18	20	22	24
就寝			起床 朝食 身支度	畑に行く ケアラーと 散歩		昼食 昼寝	畑	徒歩で 帰宅 入浴	夕食 テレビ	夫や 息子と 過ごす	就寝	

ケアラーの【24時間スケール】例

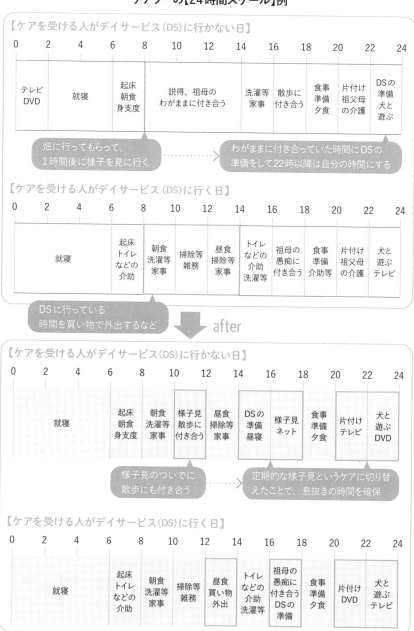

【ケアを受ける人がデイサービス (DS) に行かない日】

時間	0-2	2-6	6-8	8-14	14-16	16-17	17-19	19-22	22-24
内容	テレビ DVD	就寝	起床 朝食 身支度	説得、祖母の わがままに付き合う	洗濯等 家事	散歩に 付き合う	食事 準備 夕食	片付け 祖父母 の介護	DSの 準備 犬と 遊ぶ

畑に行ってもらって、1時間後に様子を見に行く ………▶ わがままに付き合っていた時間にDSの準備をして22時以降は自分の時間にする

【ケアを受ける人がデイサービス (DS) に行く日】

| 内容 | 就寝 | 起床 トイレ などの 介助 | 朝食 洗濯等 家事 | 掃除等 雑務 | 昼食 掃除等 家事 | トイレ などの 介助 洗濯等 | 祖母の 愚痴に 付き合う | 食事 準備 介助等 | 片付け 祖父母 の介護 | 犬と 遊ぶ テレビ |

DSに行っている時間を買い物で外出するなど

after

【ケアを受ける人がデイサービス (DS) に行かない日】

| 内容 | 就寝 | 起床 朝食 身支度 | 朝食 洗濯等 家事 | 様子見 散歩に 付き合う | 昼食 掃除等 家事 | DSの 準備 昼寝 | 様子見 ネット | 食事 準備 夕食 | 片付け テレビ | 犬と 遊ぶ DVD |

様子見のついでに散歩にも付き合う ………▶ 定期的な様子見というケアに切り替えたことで、息抜きの時間を確保

【ケアを受ける人がデイサービス (DS) に行く日】

| 内容 | 就寝 | 起床 トイレ などの 介助 | 朝食 洗濯等 家事 | 掃除等 雑務 | 昼食 買い物 外出 | トイレ などの 介助 洗濯等 | 祖母の 愚痴に 付き合う DSの 準備 | 食事 準備 夕食 | 片付け DVD | 犬と 遊ぶ テレビ |

そのために、まずは、【24時間スケール】を記載できたこと、そして、本人の生活スタイルなど、日々の努力していることを十分に認めてください。出来上がった【24時間スケール】を見て、否定的なコメントや頑張り過ぎだなどと強い言い方は控えましょう。「よくひとりでこんなに頑張っているね。でも私はあなたの時間がないことを心配しているよ」というメッセージを出すようにしましょう。

　そこから、本人が自分のために使える時間はないか探すことがはじまります。ただし、「自分の時間を確保しなくてはならない！」という強迫的な「ねばならない！」という思考におちいらないように気をつけましょう。「ここの時間に何かほっとできるような活動をひとつ入れてみるのはどう？」などと提案することは有効です。

　ヤングケアラーにとって、テレビを見る時間や音楽を聴く時間、SNSなどで交流する時間は貴重です。そういった時間がとれている場合、「これなら宿題する時間もあるだろう」などとけっして否定しないでください。「少しでも自分の時間がとれていてよかった」と、こちらも安心していることを伝えましょう。

　本来、ヤングケアラーの年代の子どもたちは勉強や部活、やりたいことに集中すべきです。24時間を視覚化した後、こういった自由時間を否定されたり、奪われたりするのではないかという意識が芽生えないように、現在とれている自由時間はそのまま継続し、ケア時間の中から、勉強（宿題）、部活、やりたいことなどの時間をとれるように支援者と一緒に考えましょう。

　また、これまでの自分自身のパターンを変えることはむずかしく、時間がかかるのは当然のことです。本人もサポートするまわりの人も焦らないように意識しておきましょう。実際のカウンセリングでも、変化が見られるようになるのは、早い人で3カ月。1年以上かかる人も少なくありません。なかなかパターンが変わらないのは、それほど大変なことをケアラーがひとりで頑張ってきた証拠です。焦らずゆっくり自分自身のために向き合えるように、サポートする側もゆったりと構えましょう。【24時間スケール】は何回か評価してみてほしいのですが、変わっても変わらなくてもOKです。変わった際には、ケアラーが意識的に変えたことを十分にほめましょう。

　ちなみに、この【24時間スケール】は、心理学者の竹田伸也先生が提唱する「ABC理論」にヒントを得たものです。

　ABC理論では、ケアを受ける人の困った行動（BPSD）を、きっかけ・行動・結果という3段階でとらえ、行動に対して、ケアラーがどのような介入をするかで、結果が変わるとしています。

　ケアラーの介入の仕方によって、いつも同じ行動や結果になり、ケアに悪循環が生まれていると仮定し、違う行動や結果が出たときを「例外」ととらえます。この「例外」を見つけ、意図的に「例外」の行動をケアラーが試すことで、新たな行動を定着させることを目標としています。

　ただし、家庭内のケアのうまくいった行為やうまくいかない行為を客観的に「例外」の行動だととらえるのはむずかしいことです。実際に、私もカウンセリングで用いようとした際に、「その行動が『例外』ですよ。日常生活で意識してみてください」とケアラーにうまく伝えられる自信がなく、1日の過ごし方を全部書き出してしまったほうが、本人も支援者も「例外」を見つけやすいのではないかと思いました。そうして何度かケアラーに試してもらっているうちに、【24時間スケール】という形のツールになりました。

　何例かカウンセリングをしたのち、竹田先生に【24時間スケール】を見ていただきました。竹田先生には、「この方法は考えもしなかった。他人に24時間を見せるのは抵抗があるのではないか……」と驚かれました。ただ、竹田先生は「自分の24時間をさらけ出すのは勇気のいることだけど、それだけの信頼関係を先生は築けているんだね」とフォローもしてくださいました。前提として支援者との信頼関係が築けていることが重要であることを再確認しました。

心のルールから解放される（ケアに共通するポイント）

無理なく生活を続けるためのポイント

無理のない生活を
続けていくうえで大切な **4** つのポイント

(1) ケアラーが健康でいる

(2) サービスをうまく使う

(3) 相談できる人と場所を持つ

(4) サポートしてくれる人がいる

　ケアラーと支援者が共に理解しておきたい、ケアに共通の心構えを整理しておきましょう。ケアラー本人が「まだ大丈夫」などと言ったりしても、本当にそうか考え、あまりに自覚がない場合は支援者が気づきをうながすことが大切です。

① ケアラーが健康でいる

　ケアラーが健康でいることはケアを継続するうえで非常に重要です。自分の現在のタイプを分析したうえで、ペース配分や気分転換がうながされると、ケアラーの健康が維持・促進される可能性があります。現時点では、バーンアウトのリスクが高いタイプであったとしても、負担感の重みづけや24時間を整理することで、自分自身の健康を優先できるようにサポートしましょう。

② サービスをうまく使う

　ケアラー向けのサービスは少ないものの、ケアを受ける人が利用できるサービスは各種あります。しかし、どのようなものがあるのか知らない、もしくは大人の力を借りなければ申請できない場合も多くあります。適切な情報提供に加えて、「サービスを利用することは、けっしてケアを手抜きしているわけではない」と周囲から保障されることによって、サービス利用のハードルを下げましょう。サービスを利用することによって、ケアラーがペース配分や気分転換できる可能性があります。

③ 相談できる人と場所を持つ

　ケア場面では、否定的な感情が起こることはよくあります。そういった否定的感情までも含めて自己表現できる場所があることは重要です。自己表現をできる場所や時間を経験することによって、限られた場所以外でも言語化できたり、自ら客観的整理ができたりするようになることがあります。

④ サポートしてくれる人がいる

　ケアを手伝ってくれる人がいることはとても重要です。家庭内に手伝って

くれる人がいなくても、①から③のポイントが促進されることでペース配分や気分転換をうながし、ケアへの没入し過ぎを予防できる可能性があります。まずは、SOSを出せるような環境をつくりましょう。

よりよいケアを続けるためのポイント

よりよいケアのための **4** つのポイント

① ケアラーができる
ことだけをやる

② できないことはだれかに
手伝ってもらう

③ 自分自身の生活や
時間を大切にする

④ 自分にゆとりを持つ

　無意識に考えている心のルール（考え方のクセ）に気づくことができれば、心にも余裕が生まれます。無理のない生活を続けていくうえで大切な4つのポイントに加えて、さらに、よりよいケアにつながるポイントというものがあります。

① ケアラーができることだけをやる

　無理をして、自分の生活を犠牲にしてまでやらなければならないことは、サービスを利用するなど、自分だけで何もかもやらないようにしましょう。

② できないことはだれかに手伝ってもらう

　①と重なりますが、自分だけではしんどいと感じることはだれかに手伝ってもらいましょう。

③ 自分自身の生活や時間を大切にする

　意識的に自分自身の生活や時間を大切に考えましょう。

④ 自分にゆとりを持つ

　「あれもこれもやらなきゃ！」「私しかいない！」というような考えはいったんお休みさせましょう。優先順位をつけて、本当にやらなければならないことだけにしましょう。時間的にゆとりをつくれるようになると、次第に心にもゆとりが生まれてきます。

試してみてほしいケア

工夫できることを考える

　ケアを受ける人それぞれの性格や生活歴を知ったうえでの工夫は、ケアラーのほうが詳しい場合も多いものです。うまくいっているものはそのままにして、より工夫できそうなところを書き出してみましょう。

　日々、目の前のケアに追われるケアラーにとっては、こういったことを考えることは容易ではありません。とくに、ケアラーが子どもの場合、ひとりでは考えつかないことも多いので、支援者がアイデアを提案し、一緒に考えるとよいでしょう。

　たとえば、認知症で料理をすることが少しむずかしくなった母親がいると仮定してみましょう。具材を切って、お湯を沸かし、火を止めて、調味料を入れるといったいくつもの料理の手順のどこかに不安を感じるようになっても、そのつど声かけをしたり、手順表を貼っておいたりすれば、母親自身にやってもらえることはないでしょうか。また、持ち物の管理がむずかしくなってきたら、しまう場所を決めてラベリングしておく、などで困りごとを少なくすることができる場合もあります。

手順をわかりやすくする工夫

☑ 1 お豆腐を切る
☑ 2 ねぎを切る
☐ 3 お鍋に水と顆粒だしを入れてお湯を沸かす
☐ 4 お豆腐を入れて煮る
☐ 5 火を止める
☐ 6 味噌を入れて混ぜる
☐ 7 もう一度火をつける
☐ 8 ねぎを入れてサッと煮る
完成！

手順表を貼っておく

持ち物管理の工夫

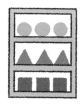

しまう場所を決めておく

クリアケースに入れる

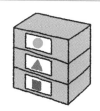

ラベリングする

手の届く範囲に危険なものを置かない

ガラスの食器
↓
プラスチックの食器

飲み物はビン類での提供は避け、
コップに移してから提供する

アサーショントレーニング（ほどほどの伝え方）の手法を試してみる

　毎日の生活の中では、一生懸命にケアをしていても、落ち込んだり、イライラしたりして喧嘩や言い合いになってしまうことがあります。毎日くり返し対応しなければならないうえ、何度も同じことを言われたり、事実とは異なることを言われて責められたりすると、「こんなにやっているのに」「なぜ自分が」といら立つことでしょう。そこでアサーショントレーニングの「ほどほどの言い方」で対応してみましょう。アサーショントレーニングとは、自分も相手も大切にした自己表現をするにはどうしたらよいかを考え、身につけていくトレーニングのことを指します。

　認知症ケアを例に考えてみましょう。朝食後間もない頃から、「お腹が空いた。ご飯はまだか」というような発言がくり返されていたとします。それに対して97ページの①のように、くり返す発言に耐えかねて、「さっき食べたでしょ。だからもう食べてるの！」と言ったとします。それが実際に起きている正しい事実であったとしても、認知症の方にとっては、自分自身が否定され、怒られたという感情だけが残ってしまいます。そのため、怒り出すなどして、ケアラーの負担をより高める行動に出る可能性があります。

　しかし、厄介だからといって、②のように「お腹空いたよね……。ごめんなさいね。私が悪かったわね」というように、相手の言うことをすべて受け入れていると、ケアラー自身のストレスが溜まってしまいます。そのうえ、ケアラーに対して「この人は自分の言いなりになる人だ」などという認識に変わってしまう可能性があり、ケアラーは四六時中、相手のくり返しの言動に付き合わなくてはならなくなります。

　そこで、③の「ほどほどの言い方を考える」ということが自分も相手も安全な距離を保ちながらケアを続けるひとつのポイントになります。お腹が空いたという事実をくみとりながら、お昼ご飯では何を食べようかという提案をすることで、事実が否定されることもなく、意識を変えることができます。

根気のいることですが、このような伝え方をすることが、ケアラー自身が認知症の方からの攻撃を予防するひとつの方法になります。

　アサーショントレーニングの手法は認知症ケアに限らず、どのようなケアの場面でも応用可能です。ヤングケアラーの子どもたちは、「いい子」と表現されるほどに、聞き分けのいい子たちが多かったりもします。②の表現しかできない子には、一度、①のような極端な言い方をするとどんな表現になるのか、表現してもらうとよいでしょう。両方の極端な言い方を知ることで、「ほどほどの言い方」が見つけやすくなります。

タイムアウト法（安全基地の確保）

　感情的になってしまった状態で、同じ空間に居続けると、きつい言葉を投げかけてしまい心理的暴力や身体的暴力にまで発展することもあります。ほどほどの伝え方をすぐに見つけることはむずかしいですし、時間をかけてもほどほどのよい言い方ができなさそうと思う場合には、「距離をとる」のも大切な対処法です。

　これは、「タイムアウト法」と呼ばれ、刺激となるものを物理的に遠ざけ、時間を置いて冷静になることなどをいいます。日常ではケアラーのほうが意識的に距離をとることを心がけるのが現実的でしょう。自分が安心できたり、冷静になれたりする場所に移動する、相手をひとりにできる場合は近くに外の空気を吸いに行ったり、買い物を済ませるなどの方法があります。

　また、不安になったときや気持ちがモヤモヤしたときのために、自分にとってのリフレッシュ方法を知っておくことも大切です。3つほどリフレッシュ法を書き出しておき、不安やモヤモヤの強弱によってリフレッシュ方法を変えることができれば理想的です。

タイムアウト法のやり方

**対応がむずかしい場面では
距離をとりましょう**

感情的になったから、冷静ではないからという理由で相手を外に出すわけにはいきません

**自分が落ち着ける場所に移動して、
物理的な距離をとることで、
クールダウンしましょう**

5 問題に対処する

具体的なサポートや専門家につなぐ

　【N式ツール】を用いたメンタルケア以外に、日常生活上のさまざまなサポートが助けになる場合もあります。現状で考えられる相談窓口リストを巻末に記載しましたので参考にしてください（123ページ）。

　もし、入眠困難や食欲不振、感覚過敏（普段なら気にならない音や光が気になるような状況）などが生じ、2週間以上続く場合には、医療機関を受診し、身体面の疾患がないことを確認したうえで、心療内科や精神科、カウンセリングルームなど、メンタルケアを専門に行っている専門機関を早めに利用するようにうながしてください。同様に、気分の落ち込みやいら立ち、突然涙が出るなどの感情の変化があった場合も、専門機関を受診しましょう。気になる方は100ページのチェックリストも参考にして、実際に医療機関に提出してもよいでしょう。

　「このくらい自分で何とかできる」と思わずに、早めに受診することが大切です。精神科に勤務していると、精神科は他の身体科よりも受診のハードルが高いと聞くことがあります。気軽に来てくださいとは言いつつも、なかなかむずかしいこともあると思いますので、そんなときは、ケアを受ける人の日頃の診察に付き添った際に、医療者にケアラーの現状を伝えておく、あるいは電話相談などのサービスを利用する、などもひとつの方法です。けっしてだれかに伝えることを止めないでください。

心のサインに気づくためのチェックリスト

睡眠面	☐ 寝つきが悪い
	☐ 何度も目が覚める
	☐ 予定よりも早く目が覚める

食事面	☐ 急激な食欲の低下または食べ過ぎる
	☐ 甘いものや辛いものなど極端な味付けを無性に欲する

感覚面	☐ 普段なら気にならない音や光が気になる

感情面	☐ 気分の落ち込みが持続する
	☐ 些細なことでいら立つ
	☐ 突然涙が出る

【N式ツール】に取り組む際の注意点

【N式ツール】をセルフで使用したら

　本書で【N式ツール】を公開するにあたり、自分自身で使ったらどうなるか、やってみることにしました。やってみて思うことは、非常にしんどいということです。書き出す時間は短くても、そのためにはたくさん心が動きます。しんどくなってしまったら、ツールの途中でもストップしてかまいません。無理にツールを進めなくて大丈夫です。やっているうちに、「今だ！　今ならやれる！」と思うタイミングが来るときがあります。自分の内面に向き合う作業は、ゆっくり、慎重に進めてください。また、メンタルの調子を崩さないように必ずだれかが一緒にサポートしながら【N式ツール】を使う必要があります。個人差があると思いますが、取り組む際の注意点として整理してみました。

注意点1　【N式ツール】を使いやすいタイミングを把握しておく

　取り組み方は人それぞれタイミングがあると思います。私の場合は、時間がたっぷりあるときよりも、比較的忙しいときに、合間の時間を使って取り組むほうが有意義でした。いろいろと試行錯誤した後に、その効果がわかる人もいるでしょうし、長期間かけても自分のやりやすいタイミングやペースを見つけられない人もいるかもしれません。その場合は3カ月くらいを目安に、専門機関に相談することをおすすめします。

注意点2　ホットライン的なサポート相手を見つけておく

　私自身は、イライラする、落ち込む、ムカつくなど、否定的な感情であっても、ありのままの自分の感情を、タイムリーに投げられる人がいたおかげで自分のメンタルを保つことができました。そういった人の存在が何よりも

自分が大崩れせずに済む支えとなるということに気づきました。メインの支援者だけでなく、2～3人そういった相手を確保し、LINEや電話、直接会うなど方法も限定せずに、複数の手段を持っておくとよいでしょう。

注意点3 【N式ツール】の結果（困り度合い）をバロメーターにする

　私は【N式ツール】の結果から、自分がケアの何に困っているのか、また、それにより自分の心身がどのような影響を受けているのかを客観的に把握しました。すると、ツールで困り度合いを整理することは、自分自身の限界を知るうえでも応用できることに気づきました。そこで、なるべく限界点に達する前に気分転換をすることを心がけました。困り度合いが30～50のうちに「ヘッドスパに行く」「入浴やリラックスする時間を意識的につくる」「消化によいものを食べる」など、自分の心や体調と向き合うように心がけました。

注意点4 日常に戻るための切り替え法を工夫する

　カウンセリングや【N式ツール】を使う時間は、ケアラーにとっては、非日常的な瞬間です。ツールを使い自分と向き合った後、日常に戻るために切り替え法やリフレッシュ法を見つけましょう。私は毎日できる切り替え法として、その日の気分に合わせてバスソルトを選んでゆっくりお風呂に入るということを徹底していました。楽しみのひとつでしたが、日々のルーティンとすることで、その日の自分のコンディションに気づきやすくなりました。お風呂から上がっても考え込んでしまう日は、寝るまでの時間に、好きなものを食べたり、何でも話せる友だちに愚痴を言ったりと、徹底的に自分を甘やかしました。自分の家族のことや内面をさらけ出すことは、その後すぐに日常に戻らなければならない場合、大きな負担にもなります。リフレッシュ方法をできるだけ多く見つけて、段階を踏みながら切り替えていくことは非常に有効でしょう。

本人がケアとの距離のとり方を身につける【N式ツール】

ケア真っ只中の人は【N式ツール】を使う時間がないかもしれません。でも、真っ只中だからこそ、少しでもケアとの距離のとり方を身につける一助として試してみていただきたいと思います。

ヤングケアラーが、だれかのために頑張っていることはけっして悪いことではありません。そのうえで、だれかのために頑張っていない時間も認めて、自分自身のために使える時間こそが大事なのだと気づいてほしいです。【N式ツール】はそうした気づきのためのツールです。

この【N式ツール】を使って、だれかをサポートしたいと思ってくださった方へのお願いをつけ加えておきます。

支援者の注意点 1 強制・強要は絶対にしない

このツールはケアラーが楽になるための、あくまでもひとつの可能性です。ツールを使うことを強制したり、強要しないでください。ヤングケアラーたちは十分過ぎるほど頑張ってきて、今も頑張っています。このツールと支援者の熱意で、子どもたちが傷つくことがないよう、自分にブレーキをかけながら慎重に進めていただけたらと思います。

支援者の注意点 2 感情の受け皿が必要

私は、自分に向き合うことでいら立ち、安心できる人やわかってほしい人にそれを出しては自己嫌悪におちいりました。ツール自体はセルフでも問題なく取り組める形式ではありますが、そのときに出てきた感情の受け皿や吐き出し口を決めておかないと、私のようにパンクしてしまう危険性があります。ツールを使ってみていること、やってみた感想などを信頼関係のもとで共有しながら進めてほしいと思います。

支援者の注意点 3 ひとつずつ時間をかけて取り組む

ツールは一気に使わず時間をかけて取り組みましょう。課題と課題の間は

最短でも1カ月空けるほうがよいでしょう。

ありのままを受け止める

　ツールに取り組む際、あまり支援者から急かすような発言はしないほうが
よいでしょう。会話のテンポは個人差があるため、本人の発話のテンポに合
わせるようにしましょう。本人が無言なのは考えていないわけではないの
で、本人の発言を待ち、出てきた発言はありのままを受け止めましょう。

第4章

周囲ができる
サポート・対処法

How to Care Young Carers

　メンタルケアだけでヤングケアラーの問題のすべてを解決することは困難です。ヤングケアラーのニーズは一人ひとり異なりますが、この章では、あえて大別して周囲の大人ができるサポートやサポートするときのスタンスについて考えてみます。

　ひとりで解決しようとせず、さまざまなケースについて、それぞれの連携先をご参考に、サポートのつながりを広げていただけたらと思います。

ヤングケアラーに
気づいたら

本人が危機的状況にあるケース

　周囲の大人から見て、明らかに本人が危機的状況におちいっていると感じたときには、早急に緊急対応機関につないでください。たとえば、「本人の自傷他害のような言動が見られる」「食事をとれていない」「何日も眠れず朦朧_{もうろう}としている」「整容が明らかに乱れている」などは、緊急介入を要するケースです。そういった場合は、本人の命の保証が最優先になります。児童相談所や医療機関（精神科や小児科など）にすぐに連絡を入れてください。

　未成年の場合は、ほとんどの場合で、保護者の承諾が必要になります。児童虐待などでは、生命の確保が最優先とされ、一時保護や緊急隔離などが適応とされていますが、ヤングケアラーの保護などについてはまだ明確な定めがありません。本人の生命の確保という点では、やはり同様に優先されるべきと考えられますから、国の一刻も早い法整備が待たれます。明確な制度がない中で、どのように対応すればよいか不安を抱くこともあると思いますが、ぜひ本人の命を最優先に考えていただき、緊急性を要する場合には、一報を入れるということを意識しておいていただきたいと思います。

貧困が関係していそうなケース

　経済面での貧困が関係していると思われるケースがあります。この場合は、メンタルケアだけでは状況を改善することはできません。行政機関と協力し、その家庭が申請・利用可能な制度を早急に導入する必要があります。自治体によってはヤングケアラーに対応する専門の窓口を設置しているところもありますし、窓口がない場合は地域包括支援センターに相談するとよいでしょう。そういった実質的援助を整えることと同時に、本人が抱えてい

る課題や問題を洗い出し、周囲の大人が一緒に整理・解決していくことも重要です。これまでケアをするのは当たり前と思っていた子どもたち、おかしいと思いつつもひとりで頑張ってきた子どもたちが、まわりにはこんなに頼りになる大人がいるのだと気づくことだけでも、とても大きな一歩になります。サポートする大人も、ひとりで抱え込まず、緊急性や優先順位の高い問題から即座に介入してください。加えて、長い目で見たときに、本人が自分らしい人生を歩めるための手助けをしていただき、複数の支援を届けるための連携をしていっていただけたらと思います。

ケアを受ける人のアセスメントが不十分・ケアを受ける人への働きかけがむずかしいケース

　ヤングケアラーの問題の中には、ケアを必要とする人（親や家族）が未診断・未治療の場合が多く存在しています。ケアを受けている人の元々の性格などとして、子どもたちが必死に合わせているケースも多々あります。しかし、こういった場合、ケアを受ける人のアセスメント（病状把握）を行わなければ、いくらヤングケアラーである子どもたちのメンタルケアを行っても根本的な解決には至りません。まずは、ケアを必要とする人を医療機関につなぎ、適切な診断と治療につなげる必要があります。適切な診断がつくことによって、使える保険や制度、サービスもわかります。診断がつき次第、すぐさま申請を行い、サービスの利用を開始すべきです。ただ、現状の介護保険制度は、同居家族がいる場合のサービス利用は容易ではありません。この点の制度改正に関しては、国が取り組むべき喫緊の課題であると考えられます。

　また、子どもを家事やケアの主力とせず、ケアを受ける人の力を信じ、支えるためにも、医療職や介護職などと、学校関係者などが連携し、家族全体を支える形が望まれます。この際、たとえば、“子どもを苦しめているから支援を受けなくてはならない”などといった受けとり方をしてしまわないように、「私はあなたのことを心配している」「あなた自身のために、適切な治療や支援を受けてもらうための手助けをしたい」と伝えることを意識してください。“自分のための工夫”であれば、受け入れられる可能性があります。

このあたりのニュアンスは非常にデリケートです。けっして、「あなたのせいで子どもが苦しんでいる」「まわりが迷惑している」といったニュアンスは使わないように伝え方を工夫してください。

進路選択の問題が生じるケース

　本来、ケアをしている、していないにかかわらず、等しく進路選択の機会が与えられるべきです。しかし、ヤングケアラーの子どもたちは、ケアを理由に進学や就職をあきらめるなど、選択肢が狭められてしまうこともあるのが現実です。

　一方で、幼い頃からケアを担ってきた経験を活かそうと、介護・福祉系の道に進むことも少なくありません。ただし、家族のケアと、福祉のプロとしての他者のケアは同じことばかりではありません。

　私自身もケアの経験から介護者をケアする心理士になりたいと志しました。私は、心理学を学ぶことで、複雑な気持ちや感情などを目の前の課題と切り離して整理することができてよかったと思う面もあれば、自分自身と似た経験を持つ方のカウンセリングにあたるときに、必要以上に力が入り過ぎて、お互いがしんどくなってしまうという反省すべき面もあります。それでも、ケアラーをケアする心理士になりたいという思いを支援してくれる多くの方に支えられて、これからもこの仕事を続けていきたいと思えています。

　最も大切なのは、子どもたちの本心と、それを実現する機会がケアを理由に奪われてしまわないことだと思います。「お金がないから」「うちには無理だから」という、あきらめから入らずに済むように、ぜひ、本人がどう思っているのか聞き出せるよう、根気を持って向き合ってください。

　はじめに、進路選択に悩む子どもたちが、何をしてみたいのか、どんなふうにこれからを過ごしたいのかを聞き、そこから、具体的にどんな方法でそれを目指すのか、どれくらいの費用や時間がかかるのか、使える制度があるのかなどを調べるということで進路が開けることもあると思います。

　子どもたちの本心を聞き出すこのステップは、ケアの受け止め方のパターンが変化するよりも時間がかかると思ってよいかもしれません。今を変える

よりも、これから先の未来に起こることを自分で選択し、進んでいくことは、相当な勇気と覚悟がいることだからです。ですから、ここのステップはどうか慎重かつ丁寧に寄り添い、根気よく聞きとってみてください。

ケアの仕方がわからない・ケアに対してのみ困っていそうなケース

　ここまでの４例は、本人のメンタルケアのみでは解決しにくいケースについて述べました。では、ケアの問題だけがターゲットとなりそうなケースへはどのように対処すればよいでしょうか。

　まずは、信頼できる大人がだれなのか、その子にとってのキーパーソンを見つけることが重要です。そして、大人以外にも話せる相手がいるのか、困りごとを解決するための時間を欲しているのか、それとも、ケアを忘れられるような友だちと過ごす時間などを欲しているのかを確認していきましょう。そこで、ケアに関する困りごとを解決したいという子どもたちのニーズが見えてきたら、本書でご紹介した【Ｎ式ツール】を使って困りごとの整理・解決を試してください。

　また、信頼できる大人がかかわることは非常に重要かつ有効なのですが、ふたりだけの狭い共有を行ってしまうと、共倒れになる危険性も高くなります。支援する側の大人も、このヤングケアラーの問題を共有できるキーパーソンや補助者を見つけておくことが大切です。

　なお、【Ｎ式ツール】は基本的にはひとつのツールにつき１カ月ほど間隔を開けて試していただきたいのですが、中には、それだけではなく、いろいろな話をしたい・聞きたいという思いを持っている子どもたちがいます。そういった場合には、巻末でご紹介している相談窓口や支援団体の取り組みに参加して、同じような体験をしている仲間を見つけることが役立つでしょう。さまざまな方向からのサポートを探してみてください。

周囲はどんな態度で
かかわるべきか

慎重かつ丁寧に、根気よく

　くり返しになりますが、ヤングケアラーの子どもたちは、「いい子」と評価されることの多い子どもたちです。ケアをするのは当たり前ととらえ、相談するという発想すらない子や、ひとりで抱え込んで課題や問題が煩雑としている子も多いです。また、相談しても何も変わらないと投げやりになっている子もいます。日々、子どもたちと向き合うことを生業としている教員や支援者の方々は、何らかの状況で悩んでいる・困っている子どもたちとは接した経験があるのではないでしょうか。こちらが未知のものと身構えずに、まずは、他の問題と同様に、慎重かつ丁寧に、そして、根気強く向き合っていただきたいと思います。

　第2章のNG集やフローチャートをご参照いただき、支援の入り口でつまずくことがないように、決めつけや否定から入らないということは十分にご留意ください。また、こちらの解決したい気持ちが先走り過ぎて、矢継ぎ早に質問をしたり、第3章の【N式ツール】の課題を一気に使用したりするなど、子どもたちも支援者も息が詰まるような支援はしないようにしてください。そのためにも、支援者がひとりで抱え込まないことが何よりも重要です。ヤングケアラーの問題は、非常にデリケートかつ複雑な問題ではあるのですが、必要以上に力を入れず、子どもたちも支援者も気長に【N式ツール】をひとつずつ試してみる、くらいの態度がよいでしょう。

雑談を交えて話しやすい雰囲気づくりを

　子どもたちはケアラーである自覚がない場合も多いです。また、何かに困っていたとしても、必ずしも、ケアの問題を解決したいわけではないとい

うこともあります。カウンセリングのように、料金をもらって治療契約が成り立っている場であっても、導入時には雑談を交えます。どんな内容でもかまいません。その子の興味のある話題で、本人が自発的に話せるものが望ましいです。

　たとえば第1章で紹介した彩さんとは、よく雑談をしていました。自動販売機やミッキーマウスの話題に触れた何気ない会話から、彩さんの感情を表現できる可能性を知り、安堵しました。こういった雑談の中にも、支援者側へのヒントがたくさん隠されています。ツールを使って、無理にサポートを進めようとするのではなく、本人の言葉で、本人の思いが語られるのを待ちましょう。

　このような過程を通して信頼関係ができてくると、本当の困りごとを本人から話してくれるようになります。困りごとを聞きとることができれば、適切な支援機関や自助グループなどの団体につなげていくことができます。サポートしたいと思ってくださった方が、この支援の入り口になれたことが、子どもや家族にとっての大きな一歩であり、大きな支えになります。ひとりで抱え込まず、いろいろなサポートにつないでいくというスタンスでかかわっていただけたらと思います。

サポートする大人が限界点を知っておく

　最後に、注意点をひとつあげておきます。ヤングケアラーは「いい子」と評価されがちな子が多い一方で、中には非行や問題行動などを起こしていて、表面上は、問題児とされているケースもあります。周囲からの見た目は表面上、極端に違うように見えるかもしれませんが、どちらも、「かわいそうな子、大変な子と思われたくない」という気持ちを抱えていることがあります。そういった子どもたちは、周囲の大人が話を聞こうとした際に、本当にこの大人に頼ってよいのか、本当に信じてよいのかと迷い、大人が戸惑ってしまうような（激しい感情をぶつけられる、従順性を見せたかと思うと急に反抗的になる、度を越えたわがままのように見える行為などの）試し行動を見せる可能性があります。試し行動というと、幼児期や学齢期初期に起き

がちと感じるかもしれませんが、実際には、大人のカウンセリングをしていても介入初期には見られます。

　子どもたちの数だけ、試し行動のパターンや強弱はあると思っておいたほうがこちらの心持ちとしてよいかもしれません。試し行動が出た際には、過剰に振りまわされることなく、一貫して、一緒に解決していきたいんだという姿勢を見せることが大切です。

　その際に、支援する側の大人が限界点を知っておくことも重要です。あくまでも一例ですが、ふたりきりで学外で会わない、1時間以上は話を聞かない、両者に危機が迫るようなら迷わず他者の介入を要請するなど、一定のルールのもとで接することをおすすめします。子どもや大人の置かれた状況、地域差などもあると思いますので、可能であれば、この大人側の限界点は、かかわる人たちの共通認識として、共有されていることが望ましいです。

寄り添い、揺れ動きながら並走する

　一般的に、学齢期の子どもたちはいろいろなことを吸収し、自ら成長する力を持っています。ケアなどの問題を抱え、本来の力が発揮できていない状況にある子どもたちも、信頼できる大人に話を聞いてもらうことや、そういった大人が一緒に困りごとを解決しようとしてくれている姿を見て、本来の力を発揮したり、より適切な生活パターンや自分らしい日々の過ごし方を身につけていくことができると考えられます。【N式ツール】はそのための客観的な視点に気づくためのものです。

　一方で、そのヤングケアラーたちのケアを必要としている方々は、どんなにケアを受ける本人やヤングケアラーたちが頑張っても、いつか病気や障害が進行してしまうこともあります。そういった場合にも、病状の進行はけっしてヤングケアラーたちのせいではないこと、病状が進行してケアの内容が変わったとしても、これまで身につけてきたことで対応できる場合がたくさんあることを伝え続けてください。

　カウンセリング現場でも、一方向的によくなっていくことばかりではありません。できているところを本人に伝えることは必要ですが、途中で、何度

も苦しくなったり、泣きたくなったり、ときには信頼しているからこそ強く感情をぶつけたりすることもあるかもしれません。それは、子どもたちが真剣に、必死に自分自身の本来の力を取り戻そうとしている過程で起こることです。それを受け止め、ときには、大人が一緒に泣くことがあってもよいでしょう。

　私自身の話になりますが、絵美さんとのカウンセリングの場で、話を聞きながら、絵美さん以上に「なんであなたがそんなこと言われなきゃいけないんだ！　私は許さん！」と怒りを爆発させそうになったことがあります。後に、絵美さんの主治医から「先生がそんなに感情的になってどうするんですか」と怒られましたが……。

　ただ、このときのことを絵美さんは、「あのとき先生が目に涙をいっぱい溜めて怒っているのを見たら、あー、私って、私のことを思って怒ってくれる人がいるなんて、幸せなのかも。もしかしたら、だれにもわかってもらえないんじゃなくて、私が話してなかったから伝わらなかったのかもと思ったら、なんだ、だれかに話すってこんなに楽になるんだって思えたんですよね。自分の気持ちを出すのがいつからかうまくいかなくなっていたけど、先生って呼ばれる人ですら、あんなに怒ってくれるようなことにひとりで耐えていたんだと思ったら、私ももっと泣いたり怒ったりしようと思って」と振り返ってくださいました。

　このときの私の対応は確かに心理士としては正しくなかったかもしれません。でも、結果として、こういった反応を引き出せたことによって、今でもこのときのことは間違っていなかったと思えるようになりました。

　カウンセリングも、学校生活も、いつか子どもたちは卒業し、そのときの経験をもとに、自分自身の人生を送っていきます。その際に、真剣に向き合ってくれる大人がいたこと、一緒に困りごとを解決しようとしてもらえたこと、そんな大人たちのサポートを受けながら自分自身が解決に向けて取り組んだこと……。そういった経験は、いつまでも自分の中に取り込まれ、今後、何か困りごとが生じたときに、自分自身を支える核になります。

　誤解を恐れずに言えば、教育の現場では対面でひとつの正解に導くことがよいとされがちな面もあると思います。しかし、子どもたちに一人ひとり個

性があり、抱えているものや受けとり方が違うように、サポートする大人に
も一人ひとりの個性や強みがあります。それは、普段子どもに向き合う方々
が、日々、身をもって体験されていることだと思います。ぜひ、その延長線
上にヤングケアラーの支援も置いていただき、寄り添いながら、ときに一緒
に揺れ動きながら、対面ではなく、並走するように、ケアの複雑な問題を一
つひとつ解決していっていただけたらと願っています。

巻末資料

Appendices

　ヤングケアラーに気づき、支援するためのツールをまとめました。必要に応じて、コピーしてご活用ください。
　①「ヤングケアラーを見つけるアセスメントシート」は、ヤングケアラーの子どもに見られやすい特徴を示しています。この項目に沿って、定期的に気になる子どもをチェックしてみてください。また、②・③には、【N式ツール】で使用するスケールやレーダーチャートの記入用フォーマットを掲載しています。

家族の状況に関するアセスメント項目

サポートが必要な家族の有無とその状況

- ☐ 高齢
- ☐ 障害がある
- ☐ 疾病がある
- ☐ 精神疾患（疑いを含む）がある
- ☐ 日本語が不自由
- ☐ 幼いきょうだいが多い
- ☐ 親が多忙
- ☐ 経済的に苦しい
- ☐ 生活の能力・養育能力が低い
- ☐ とくにない（＝「ヤングケアラーではない」と判断）

子どもが行っている家族等へのサポートの内容

- ☐ 身体的な介護
- ☐ 情緒的な※支援
- ☐ きょうだいの世話
- ☐ 家事
- ☐ 通訳（日本語・手話）
- ☐ 生活費の援助
- ☐ 通院や外出時の同行
- ☐ 金銭管理や事務手続き
- ☐ 服薬管理・投与
- ☐ とくにしていない（＝「ヤングケアラーではない」と判断）

※精神疾患や依存症などの家族の感情的なサポートの他、自殺企図などの話を聞かされるなど、子どもにとって過大に負担になることなどを含みます

「子どもの権利」に関するアセスメント項目

健康に生きる権利

- ☐ 必要な病院に通院・受診できない、服薬できていない ★
- ☐ 精神的な不安定さがある ★
- ☐ 給食時に過食傾向がみられる（何度もおかわりをする） ★

·· その他の気になる点 ··

- ☐ 表情が乏しい
- ☐ 家族に関する不安や悩みを口にしている
- ☐ 将来に対する不安や悩みを口にしている
- ☐ 生活リズムが整っていない
- ☐ 身だしなみが整っていないことが多い（季節に合わない服装をしている）

- ☐ 極端に太っている、太ってきた
- ☐ 極端に痩せている、痩せてきた
- ☐ 予防接種を受けていない
- ☐ 虫歯が多い

子どもらしく過ごせる権利

- ☐ 幼稚園や保育園に通園していない ★
- ☐ 生活のために（家庭の事情により）就職している ★
- ☐ 生活のために（家庭の事情により）アルバイトをしている ★
- ☐ 家族の介助をしている姿を見かけることがある ★
- ☐ 家族の付き添いをしている姿を見かけることがある ★
- ☐ 幼いきょうだいの送迎をしていることがある ★

·· その他の気になる点 ··

- ☐ 子どもだけの姿をよく見かける
- ☐ 友だちと遊んでいる姿をあまり見かけない
- ☐ 年齢と比べて情緒的成熟度が高い

- ☐ 極端に痩せている、痩せてきた

「子どもの権利」に関するアセスメント項目

教育を受ける権利

- ☐ 欠席が多い、不登校 ★
- ☐ 遅刻や早退が多い ★
- ☐ 保健室で過ごしていることが多い ★
- ☐ 学校に行っているべき時間に、学校以外で姿を見かけることがある ★

·················· その他の気になる点 ··················

- ☐ 授業中の集中力が欠けている、居眠りしていることが多い
- ☐ 学力が低下している
- ☐ 宿題や持ち物の忘れ物が多い
- ☐ 保護者の承諾が必要な書類等の提出遅れや提出忘れが多い
- ☐ 学校(部活含む)に必要なものを用意してもらえない
- ☐ お弁当を持ってこない、コンビニ等で買ったパンやおにぎりを持ってくることが多い
- ☐ 部活に入っていない、休みが多い
- ☐ 修学旅行や宿泊行事を欠席する
- ☐ 校納金が遅れる、未払い
- ☐ クラスメイトとのかかわりが薄い、ひとりでいることが多い
- ☐ 高校に在籍していない

出典：令和3年度子ども・子育て支援推進調査研究事業「多機関・多職種連携によるヤングケアラー支援マニュアル〜ケアを担う子どもを地域で支えるために〜」

巻末資料② メンタルサポート【N式ツール】

STEP 1 ケアをアセスメントするスケール

① スケールに丸をつける

ケアの傾向スケール

0：全然できていない　1：あまりできていない　2：少しできている　3：よくできている

		点数				合計得点
1	できる範囲で無理しないようにお世話している	0	1	2	3	
2	自分が倒れては困るので、自分自身の健康管理に気をつける	0	1	2	3	点
3	希望を捨てず、毎日を明るく過ごす	0	1	2	3	
4	意思の疎通をはかり、ケアを受ける人の気持ちを尊重する	0	1	2	3	
5	ケアを受ける人に対して優しく真心をこめて接する	0	1	2	3	
6	ケアを受ける人に頼まれたことは後回しにせず、すぐに実行してあげる	0	1	2	3	点
7	とにかく精一杯ケアを受ける人を介護する	0	1	2	3	
8	友人と会ったり自分の好きなことをして気分転換する	0	1	2	3	
9	ケアに振りまわされず意識的に自分の時間をとる	0	1	2	3	点
10	ケアしている者同士励まし合う	0	1	2	3	
11	ケアにまつわる苦労や悩みを家庭やまわりの人に聞いてもらう	0	1	2	3	
12	ひとりでなんでもやろうとしないで、家族やまわりの人に協力を頼む	0	1	2	3	点
13	役所や医師、看護師などの専門家と相談する	0	1	2	3	
14	ケアに役立つ情報を集める	0	1	2	3	
15	在宅サービスを積極的に利用する	0	1	2	3	点
16	ケアを受ける人の状態が急変した場合に備えて対応策を立てる	0	1	2	3	

（介護コーピングスケール・岡林1999）

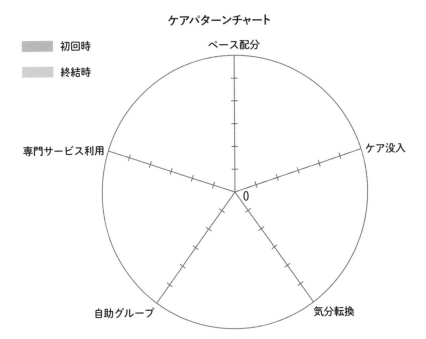

ケアパターンチャート

初回時
終結時

ペース配分
専門サービス利用
ケア没入
0
自助グループ
気分転換

STEP 4 24時間を見える化するスケール

ケアを受ける人の【24時間スケール】

0　1　2　3　4　5　6　7　8　9　10　11　12　13　14　15　16　17　18　19　20　21　22　23　24

0　1　2　3　4　5　6　7　8　9　10　11　12　13　14　15　16　17　18　19　20　21　22　23　24

ケアラーの[24時間スケジュール]

巻末資料④ 相談窓口

　自治体によってはヤングケアラー専用相談窓口を設けている場合があります。お住まいの市区町村や県のホームページで検索してみてください。

- 児童相談所相談専用ダイヤル：0120-189-783（フリーダイヤル）
  受付時間：24時間受付（年中無休）　※通話料無料

- 24時間子供SOSダイヤル（文部科学省）：0120-0-78310（フリーダイヤル）
  受付時間：24時間受付（年中無休）　※通話料無料

- こどもの人権110番（法務省）：0120-007-110
  受付時間：平日8：30～17：15　※通話料無料

- 公益社団法人日本精神保健福祉士協会
  子どもと家族の相談窓口（Eメール対応）kodomotokazoku@jamhsw.or.jp

その他相談先や情報検索サービス（名称のみ掲載）

- 生活困窮に関する相談について
  「自立相談支援機関　全国相談窓口一覧」

- 障害福祉サービス等の情報について
  「障害福祉サービス等情報検索」

- 障害者や障害児に対する介護等の相談・介護サービス事業所の情報について
  「介護事業所・生活関連情報検索」

◉ 高齢者介護の相談について
「地域包括ケアシステム　地域包括ケアセンターについて」

ヤングケアラー当事者・元当事者同士の交流会、家族会など

◉ 一般社団法人日本ケアラー連盟　https://carersjapan.com

◉ ふうせんの会　https://ycballoon.org/index.html

◉ 公益社団法人　全国精神保健福祉会連合会（みんなねっと）
https://seishinhoken.jp

◉ みんなねっとサロン　https://minnanet-salon.net/service

◉ 精神疾患の親をもつ子どもの会（こどもぴあ）
https://kodomoftf.amebaownd.com

◉ シブコト　障害者のきょうだいのためのサイト　https://sibkoto.org

◉ 全国きょうだいの会（全国障害者とともに歩む兄弟姉妹の会）
https://kyoudaikai.com

◉ Yancle　community（ヤンクルコミュニティ）
https://yancle-community.studio.site

◉ 横浜ヤングケアラーヘルプネット
https://ja-jp.facebook.com/wakamonokaigo/

◉ 一般社団法人ケアラーアクションネットワーク協会
https://canjpn.jimdofree.com

参考文献

- 南魚沼市「ケアを担う子ども（ヤングケアラー）についての調査」報告書（2015）一般社団法人日本ケアラー連盟

- 「令和元年度　子ども・子育て支援推進調査研究事業　ヤングケアラーへの早期対応に関する研究」

- 「ヤングケアラーの早期発見・ニーズ把握に関する ガイドライン（案）」厚生労働省

- 令和３年度子ども・子育て支援推進調査研究事業「ヤングケアラーの実態に関する調査研究」厚生労働省・文部科学省

- 『認知行動療法による対人援助スキルアップ・マニュアル』（2010）遠見書房

あとがき

　この本を出すにあたり、私は一度、自分と徹底的に向き合いました。【N式ツール】を使って視覚化し、客観視するはずが、自分の内面に目が向き、整理されていたはずのものがごっちゃになり、名前のつけようのないものが溢れ出て、たくさん泣きました。いっぱい悩みました。そして、たくさん怒りました。でも、それをくり返すうちに、頑張ってきたことやこれまでの経験から選択した今を間違っていないと認められる部分があることに気づきました。

　私はカウンセリングをするときに、「正解を求めるとつらくなるけど、間違いではなかったと思うと楽になりませんか？」とクライアントさんに伝えてきました。でも肝心な自分は常に正解を求め、不安だから頑張り続けているにもかかわらず、その不安には目を向けずに、もっと頑張らなければ、もっともっとと……。今も、その強烈に根付いたパターンそのものが変わったとは言い難いのですが、自分の中の「ねばならない」思考は置いておいて、客観的に見たときに「自分ってやっぱり頑張ってるよな……」とほめることができるようになったのは、この本を書いた一番の収穫かもしれません。

　この本を手にとってくださった方、何かひとつでも試してくださった方、すべてやってみてくださった方、やってみたけどピンとこなかった方、いろいろなとらえ方や取り組み方、考え方や感想があることと思います。今のタイミングでしっくりときた方がいれば、そのめぐり合わせに感謝いたします。そして、何かひとつでもだれかのケアや心が軽くなるお手伝いができていれば、幸いです。

　この本は、第1章で紹介させていただいたヤングケアラーの方々や、私が介護者カウンセリングという場で出会ったケアラーの方々がいたからこそ出来上がった本です。自分の心の内やご家族のことを勇気をもって話してくださり、そして、自分自身のためにツールに取り組んでくださったケアラーの方々、今回の本を出すにあたりケース紹介をご快諾くださった方々、すべてのケアラーのみなさまに心から感謝しております。

また、京都府立医科大学精神機能病態学教授の成本迅先生が介護者カウンセリングという機会をくださらなければ、この本を書くことはできませんでした。

　そして、「先生のこのツールは絶対にケアラーにとっての希望になります！」と言ってくださり、企画・執筆・出版の最初から最後までを共にしてくださった、担当編集者の塚越小枝子さんがいなければ、このツールが世に出ることもありませんでした。本当にありがとうございました。

　何より、私の意志を尊重して大学院まで行かせてくれ、可能性を信じ、地元から出ていくように背中を押してくれた、母の偉大な決断に感謝しています。小さな町の、たったひとつの家庭内で起こっていた重複介護という困難な問題をきっかけに、心理学を学び、ケアラーを支えるための心理士になり、そして、やってきたことがこういった形でツールや本になりました。

　私はだれかに話すことで得られる、困っているのは自分だけじゃないんだという感覚を信じています。大学時代、「個人の困りごとは話してみたら大きな社会問題だったりする。だから、こんな問題と思わず、何かに困っているなら、話してみる価値あり！」と言ってくださった先生がいました。だれかに伝えることで、解決の糸口が見つかることもあります。うまくいくことばかりではなく、話したがために傷ついてしまうこともあるかもしれません。でも、やはり、「ひとりで抱え込まないで」「家族だけで頑張らないで」と私は最後に伝えたいです。当初はこんなにヤングケアラーや介護の問題がクローズアップされるとは思ってもみませんでしたが、この本に書いてあることやツールが、ケアラーの心やケアを少しでも軽くすることができていればと願うばかりです。

2023年7月　永山　唯

著者　**永山　唯**（ながやま・ゆい）

医療法人社団創知会　臨床心理士
2014年、志學館大学大学院心理臨床学研究科心理臨床学専攻修了。
同年、京都府立医科大学大学院医学研究科精神機能病態学研究補助員として入職。
同病院精神科の他、地域の基幹病院精神科や高齢者施設でのカウンセリングを経験。2016年より京都府立医科大学認知症疾患医療センター専任心理士として主に認知症介護者の支援に力を入れる。2020年より現職。
臨床心理士、公認心理師、老年精神医学会上級専門心理士。日本心理学会認定心理士。一般社団法人日本認知症ケア学会平成29年度石崎賞受賞。

編　集　協　力──塚越小枝子
装丁・本文デザイン──鈴木知哉（nonburu）
組　　　　　版──藤間なお美
本 文 イ ラ ス ト──おのみさ

ヤングケアラーに気づき支援する
メンタルサポート【N式ツール】の使い方

2023年7月10日　第1刷発行

著　者　永山　唯

発行者　坂上美樹

発行所　合同出版株式会社
　　　　東京都小金井市関野町1-6-10
　　　　郵便番号　184-0001
　　　　電話 042（401）2930
　　　　振替 00180-9-65422
　　　　ホームページ https://www.godo-shuppan.co.jp

印刷・製本　株式会社シナノ